Martin Thull
Kleines PilgerABC

Martin Thull
Kleines Pilger ABC

Mit Zeichnungen
von Sieger Köder

Verlag Manfred Zentgraf

Bibliografische Information Der Deutschen Bibliothek

Die Deutsche Bibliothek verzeichnet diese Publikation in der Deutschen Nationalbibliografie; detaillierte bibliografische Daten sind im Internet über http://dnb.ddb.de abrufbar

© 2003
Verlag Manfred Zentgraf, 97332 Volkach/Main

Layout, Satz, Umschlaggestaltung:
Reimund Maier Verlag, Satz- & Grafikstudio, Schweinfurt

Zeichnungen:
Sieger Köder

Druck:
Digital Druck GmbH, Frensdorf

ISBN 3-928542-52-4

Inhalt

Inhalt

Auf dem Weg ...

... zum heiligen Jakobus in Santiago de Compostela gibt es ungezählte Erfahrungen, unerzählte Erlebnisse, ungeahnte Emotionen und vielfältige Begegnungen. Wer sich aufmacht, lässt sich auf eines der letzten wirklichen Abenteuer unserer Zeit ein – die Konfrontation mit sich selbst. Der Pilger und die Pilgerin lernen Seiten an sich kennen, die bisher im Verborgenen schlummerten. Sie müssen lernen, mit diesen neuen Facetten ihrer Persönlichkeit umzugehen, die unangenehmen zu ertragen und zu erleiden, die guten zu genießen und zu pflegen.

Die folgenden 217 Stichworte zum Jakobsweg sind wie Mosaiksteine, die erst in ihrer Gesamtheit ein erkennbares und nachvollziehbares Bild ergeben können. Sie sind der Versuch, Erfahrungen weiterzugeben.

Viele werden eigene „Mosaiksteine" einfügen mögen, andere bestimmte Akzente anders setzen. Gerne lese ich diese anregende Kritik unter meiner E-Mail-Adresse mtnahe@aol.com.

Mögen sich viele anstecken lassen, diesen Weg zu wagen – und andere Wege. Ein jeder so, wie es ihn zufrieden macht.

Im Februar 2003

Martin Thull

Abenteuer, das; kalkuliert waghalsiges Unternehmen zur Erforschung bislang fremder Umgebung. Das → Wandern und → Pilgern auf dem → Jakobusweg erscheint vielen als letztes A. unserer Tage. Dies nicht so sehr, weil fremde Landschaften erwandert werden und bislang unbekannten Menschen begegnet wird, sondern weil der → Pilger sich selbst besser kennen lernt. Bei diesem A. ist er vor Überraschungen nicht gefeit, muss sich ständig auf neue Gegebenheiten einrichten und ist oft allein auf seine Körperkraft angewiesen. Anders als die Abenteurer früherer Tage kann er zwar auf technische Hilfsmittel wie → Handy, → Funktionswäsche und fest gebaute → Herbergen zurückgreifen, die Dimension des A. ergibt sich in erster Linie aus der Selbsterfahrung. Und dies ganz unabhängig von der → Motivation, ob sie nun aus religiösen, sportiven oder anderen Gründen erwächst.

Abstieg, der; der Unerfahrene mag es nicht glauben, aber der A. ist schwieriger als der → Aufstieg. Das hängt damit zusammen, dass die gesamte Körperbewegung gleichsam gestoppt wird. Dadurch werden besonders Fuß- und Kniegelenke extrem belastet, weil das ganze Körper- und Rucksackgewicht im Sekundentakt drückt. Das verleitet dazu, gelegentlich in Trippeln oder gar Laufen überzugehen, um in eine fließende Bewegung zu gelangen. Im übertragenen Sinne ist der A. aber auch Sinnbild dafür, dass der → Pilger vorübergehend den gewohnten Lebensstandard verlässt und sich auf die Einfachheit des Lebens einlässt – eine durchaus beabsichtigte Erfahrung. Nicht zu verwechseln mit → Absteige.

Absteige, die; zuweilen genutzt, wenn im → Gite oder dem → Refugio kein Schlafplatz mehr vorhanden ist. Dient oft den dem → Pilger nicht so wohl Gesonnenen als Gelegenheit, auf die Schnelle ein paar Euro zu verdienen und so aus einer Notsituation Kapital zu schlagen. Wie im richtigen Leben ...

Adrenalin, das; vereinfacht beschrieben: das aus dem Nebennierenmark ausgeschiedene Hormon A. erhält und steigert den Blutdruck und erhöht den Blutzucker durch die Mobilisierung des Zuckerdepots der Leber. Für den → Pilger am Nachmittag wichtig: A. unterdrückt Erschöpfungsgefühle. Äußere Zeichen sind schnellerer Puls, steigender Blutdruck, „Umleitung" des Blutes von der Haut zu Herz, Muskeln und Gehirn. Andere Folgen: mehr Luft wird eingeatmet, was die Sauerstoffzufuhr verbessert, das Herz schlägt schneller mit der Folge, dass die Organe besser durchblutet werden, Leber und Muskeln setzen Energiereserven frei, was für kurze Zeit dazu verhilft, stärker und schneller zu sein.

Adressen; Verankerung in den Alltag (1) sowie hilfreiche A. vor allem bei der → Vorbereitung (2). 1. Jeder denkt über das → Karten- und Briefeschreiben aus dem Urlaub anders. Sicher ist aber auch, dass sich die Daheimgebliebenen über einen Gruß selbst dann freuen, wenn er erst eintrifft, wenn der → Pilger wieder nach Hause zurückgekehrt ist. Es empfiehlt sich, die wichtigsten A. vorzumerken. Ganz Gewiefte schreiben sie vorher auf Klebeetiketten und sparen so Schreibarbeit. 2. Es gibt eine Fülle von A., die gerade in der → Vorbereitung hilfreiche Erfahrungen vermitteln können. Gebündelt sind sie im → Internet zu finden. (Einige sind im Anhang dieses Lexikons vermerkt.)

Ankommen, das; eine nicht leichte Übung bzw. Verhaltensweise. Wichtig ist: nicht ankommen, um gleich wieder weg zu sein. Sondern A., um zur Ruhe zu kommen, die Seele folgen zu lassen und inne zu halten. Nicht gleich alle weiteren Schritte und → Wege kennen, die Ausfallstraßen und die Umgehungen. A., um das Erreichen des → Zieles zu genießen, und das an jedem Tag und zu jeder → Pause. A., um da zu sein und im Jetzt zu verbleiben, denn das Vergangene liegt hinter dem → Pilger und für die Zukunft ist es noch zu früh. Jeder muss einüben, bereit zu sein für die Herausforderungen des Morgen, muss leer werden, um morgen Neues beginnen zu können. Das gelingt nicht gleich auf Anhieb. Aber es lässt sich trainieren. Und hilft dann auch später im Alltag – erst das eine beenden, bevor etwas Neues in Angriff genommen wird.

Ankunft, die; es kommt vor, dass die Glocken läuten, wenn → Pilger am Tages- oder Etappenziel → ankommen. Dies verleiht diesem Augenblick einen zusätzlichen Akzent, bedeutet er doch, dass das gesetzte → Ziel erreicht wurde – wie auch immer. Erschöpfung weicht Erleichterung, der eine „feiert" die A. mit → Gelassenheit in einer → Bar mit einer frischen Tasse einheimischen → Cafés, am liebsten im Schatten vor der Tür unter gegenseitiger Beobachtung Einheimischer und Passanten. Andere versorgen erst die schmutzige Wäsche und den geplagten Körper, ehe sie sich der Muße der A. hingeben. Jeder so wie er es für richtig hält – hier wie an anderer Stelle. Und eines ist gewiss: die A. in Santiago de Compostela (oder an einem beliebigen anderen Zielort einer Wallfahrt) wandelt sich unmerklich zu einem Startpunkt ganz anderer Art. Jene haben Recht, die behaupten: Der → Weg beginnt erst richtig am → Ziel.

Apotheke, die; die A. gehört zur Basisausstattung. → Sonnenschutzcreme, Kopfschmerztabletten, → Pflaster, → Bandagen, evtl. Mittel gegen Durchfall – und das Gegenteil davon. Hilfreich ist auch eine antiseptische Salbe oder Jodtinktur gegen Entzündungen. Zur „Kür" gehören Cremes für die Füße und Muskeln. Vitamin- und Magnesiumtabletten können helfen, die tagsüber ausgeschwitzten Mineralien dem Körper wieder zuzuführen. Die Erfahrung zeigt, dass mit zunehmendem Alter das Volumen der A. steigt. Im übertragenen Sinn gibt es auch eine „spirituelle A." für Pilger, bei der in einer kleinen Schmuckdose 30 Karten mit heilsamen Sprüchen und Lebensweisheiten gesammelt sind. Nach eigenen Angaben repräsentiert jede Karte ein Lebensthema, das auf dem Weg eine spezielle Bedeutung haben kann. Die Karten können einen starken Impuls geben, sich mit diesem Thema zu befassen. Nähere Angaben finden sich im Internet unter www.sinnwaerts.ch.

Asphalt, der; großer Feind des → Pilgers. Vor allem im Sommer ist der Asphalt unangenehm heiß. Daneben verursacht er durch seine gleichförmige Oberfläche eine eintönige und darum umso anstrengendere Belastung der Füße, Knöchel und Knie. Ganz zu schweigen vom schnelleren Verschleiß der Schuhsohle.

Aufbruch, der; zu unterscheiden ist zwischen dem A. am Beginn der Wanderung oder einer einzelnen Jahresetappe (1) und dem A. eines jeden neuen Tages (2). 1. Der A. liegt am Schnittpunkt von → Vorbereitung und Umsetzung dieser praktischen und theoretischen Vorkehrungen in die Tat. Er ist gekennzeichnet von Unsicherheit, ob man auch alles in den Rucksack gepackt hat, was in den kommenden Wochen notwendig ist, ob das → Training ausreichend und zweckmäßig war, und dem Hineinhorchen in den Körper, ob auch alle Sehnen und Muskeln ordnungsgemäß arbeiten. Kommt hinzu das Aufnehmen des Weges, das Verstehen der „Grammatik" der → Zeichen, deren Rhythmus des Auftauchens und der Handschrift ihrer „Autoren". 2. Bei diesem A. geht es mehr um das Überwinden des anfänglichen Schmerzes, bedingt durch → Blasen des Vortages oder durch die Ruhe der Nacht, die Beine und Füße haben lahm werden lassen. Die Erfahrung zeigt, dass nur die Nichtbeachtung aller ungewohnten Körpersignale und das möglichst zügige, wenn auch schmerzreiche Weiterwandern die Chance eröffnet, schon nach wenigen Minuten seinen Schritt zu finden. Alles andere würde zu Fehl- und Schonhaltungen des Körpers führen, die in der Summe größere Schmerzen (Verkrampfungen) verursachen. Dies gilt übrigens erst recht für jeden „kleinen A." nach einer → Pause.

Aufstieg, der; unausweichliche Folge aus → Ebene oder vorherigem → Abstieg. Nach der Erfahrung leichter zu gehen als die umgekehrte Richtung. Jedenfalls dann, wenn etwa 7 Prozent Steigung nicht überschritten werden. Im übertragenen Sinne wird A. auch gebraucht als Entwicklung vom einfachen → Wanderer zum → Pilger. Sportler verstehen unter dem A. zudem den Wechsel von einer niedrigeren in die nächst höhere Spielklasse. Für Pilger spielt es keine Rolle, ob er nach Kevelaer oder Mariazell, Rom, Jerusalem oder Santiago de Compostela pilgert – jedenfalls keine, die sich in irgendwelchen (Pilger)Klassen widerspiegeln würde.

Baguette, das; Grundnahrungsmittel der Franzosen – aus Mehl und → Wasser in Stangenform gebacken. Frisch aus der Backstube eine Delikatesse, besonders mit → Käse und → Wein oder → Wasser. Danach immer noch wertvolle Überlebenshilfe in Zeiten, da → Bars, Bistros oder Restaurants noch nicht oder nicht mehr geöffnet sind. Altes B. trainiert vor allem die Kaumuskeln, die sich knackend zur Wehr setzen.

Bandage, die; einfaches medizinisches Hilfsmittel mit großer Wirkung. Die elastische Binde stärkt und stützt strapazierte Gelenke und Muskeln und kann – wenn keine andere Komplikation entgegensteht – die Fortsetzung des → Pilgerweges ermöglichen. Wichtig ist, dass die Wicklung nicht zu eng erfolgt, damit kein Blutstau entsteht. Vgl. auch → Elastoplast.

Bar, die; nach herkömmlichem deutschem Sprachgebrauch Ort der Zerstreuung, nicht selten mit Männern als spezieller Zielgruppe. In Frankreich und Spanien hingegen ist eine B. wie eine Oase in der Wüste, geeignet, den erschlafften Körper wieder aufzurichten und mit Hilfe von → Café au lait oder → Café con leche sowie Zucker, Vin rouge oder Vino tinto verbrauchte Energien wieder aufzufrischen. Im Alltag auch Kommunikationszentrum der örtlichen Gemeinde, in der Regel frauenlos. Auch darin unterscheidet sich die B. in Frankreich und Spanien von Etablissements in Deutschland. Auf dem Pilgerweg bilden die B. die Knoten in einem Netzwerk von Erholungspunkten entlang des → Weges.

Bar Suso; nach dem Pilgerbüro ein zweiter beliebter Treffpunkt vieler → Pilger in Santiago de Compostela in der Rua do vilar, die auf die Kathedrale zuführt und an deren Ende sich das Pilgerbüro befindet. Unter der Theke führt Suso senior eine Auswahl an Pilgerbüchern. Im Notfall findet man über ihn auch ein Quartier in der Stadt.

Becher, der; Universalgeschirr zum Trinken und (in Ausnahmefällen auch mangels Teller). In der Regel aus Metall ermöglicht er Kaffee-, Tee- und Weingenuss. Aber in besonderen Notsituation kann er auch als Gefäß für feste Nahrung (z. B. Nudeln) oder Boullion dienen. Nutzungsspuren in Form von Dellen und abgeplatztem Emaille zeugen von dringenden Pausen tagsüber und wilden Gelagen vor dem Einschlafen. Gerne wird er außerhalb des Rucksacks getragen – einmal, um ihn schnell bei der Hand zu haben. Zum anderen aber gibt das gelegentliche Anschlagen an Felsvorsprünge oder Baumäste den Mitwanderern ein Lebenszeichen – Kuhglocken nicht unähnlich.

Beten, das; es ist die alte jesuitische Frage: Darf man beim B. → wandern? Oder ist es doch eher erlaubt, beim Wandern zu b.? B. kann organisiert sein in der Gruppe und/oder an einem geistlichen Ort. Es kann ein vorformuliertes Gebet aus einem Buch oder das freie Spiel der Gedanken sein. B. kann nicht zuletzt ablenken von den Widrigkeiten des Augenblicks, kann die Daheimgebliebenen mit auf den → Weg nehmen durch ein Gedenken an ihr Leben. B. kann eine Bitte sein, ein Stoßgebet, dass man heil über eine klapprige → Brücke ans andere Ufer gelangt, den verlorenen Weg wiederfindet oder bald ans → Ziel gelangt. Kann der Dank sein für eine geglückte Abkürzung, ein freies → Bett oder trockenes Wetter. B. ist wie ein Gespräch – mit Gott, mit dem hl. → Jakobus oder einem anderen vertrauten Heiligen. Oder auch wie ein Selbstgespräch, dem es gelingt, Gedanken zu sortieren, sie um ein Thema kreisen lassen und Lösungen entwickeln für Probleme auf dem Weg oder zu Hause.

Bett, das; tagsüber herbeigesehnte abendliche Ruhestatt, die müde gelaufenen Beine zu entspannen, den gekrümmten Rücken zu begradigen und das erschöpfte Haupt zu lagern. Mitsorgende → Hospitaleros haben der Matratzenkuhle eine hölzerne Spanplatte untergeschoben, die das Wohlbefinden des müden Wanderers fördert. Zuweilen kommt es zu regelrechten Wettkämpfen um ein B. in einer Herberge. Unterlegene Wettwanderer müssen dann mit einem B. auf dem Boden oder in einem → Zelt vorlieb nehmen. Gelegentlich werden auch mehrere B. übereinander gestapelt, um auf gleicher Grundfläche mehr Schläfer unterzubringen. Nur selten gelingt es, den dann zusätzlichen Sauerstoffbedarf zu befriedigen.

Bibel, die; jeder kennt sie in einzelnen Zitaten, die Gleichnisse Jesu oder seine Leidensgeschichte, manche Passage aus den Briefen des Apostels Paulus aus dem Neuen oder auch die Schöpfungsgeschichte oder die Psalmen aus dem Alten Testament. Der hl. → Jakobus kommt an mehreren wichtigen Stellen vor. Und doch haben die wenigsten die Bibel als Ganzes gelesen. Der Pilgerweg könnte die Gelegenheit dazu bieten, Versäumtes nachzuholen und zu entdecken, wie viele schöne und lehrreiche Geschichten dort angeboten werden. Der → Pilger kann sich auf die Suche nach Weggeschichten begeben – Abraham machte sich auf den Weg, Moses mit seinem Volk oder auch Jesus mit den Jüngern. Geschichten, die so ganz anders sind als die Erfahrungen auf dem → Weg der heutigen Pilger. Und die doch auch Parallelen aufweisen – nicht wissen, wo man am Abend ist, zwar das Ziel zu kennen, aber nicht die Strecke dorthin, Menschen begegnen, die fremd sind, deren Absichten der Pilger nicht kennt. Hilfreich ist wegen des → Gewichtes, eine Auswahl mitzunehmen, die ausreichend Stoff bietet für anregende Lektüre. Der Buchhandel wird entsprechend beraten können.

Biwacksack, der; Versuch, sich selbst die Sorge zu nehmen, schutzlos unter freiem Himmel nächtigen zu müssen. Der B. bietet Schutz vor Feuchtigkeit, wenn ein festes Dach oder ein → Zelt fehlen. Dann kann er den ermüdeten Wanderer in seinem Schlafsack aufnehmen. Gegen → Regen ist auch er machtlos. Mit einem → Gewicht zwischen 500 und 750 Gramm eine recht schwere Notlösung.

Blasen, die; unangenehme und schmerzhafte Hautreizungen, vor allem an den Füssen. Hervorgerufen durch schlecht sitzende → Strümpfe/Socken oder neue Schuhe. Nahezu unvermeidbar. Nach der Erfahrung empfiehlt sich vorsichtiges und vor allem möglichst sauberes Aufstechen und „Entwässern" der Blase und Schutz der Hautfläche durch → Pflaster. Zuweilen hat sich auch → Elastoplast bewährt, vor allem, wenn zuvor eine geringe Menge antiseptischer Salbe aufgetragen wird. Apotheken bieten auch spezielles Blasenpflaster an, bei dem ein zusätzlicher Baumwollfaden, der vorsichtig in die Blase eingezogen wird, für eine dauerhafte Entwässerung sorgt. Tipp: Auch wenn es schmerzhaft ist: beim nächsten → Aufbruch immer tapfer in den Schmerz hineinlaufen. Er verkriecht sich dann nach einer Weile. Das ist jedenfalls besser – wenn auch nicht ganz leicht –, als einen Schongang einzulegen, der zu schmerzhaften Verkrampfungen führt.

Botafumeiro, das; überdimensionales Weihrauchfass in der Kathedrale von Santiago de Compostela. Inzwischen zu einem Touristenspektakel verkommen diente es früher hygienischen Zwecken. Denn die oft nach monate- und jahrelanger Pilgerschaft angekommenen Menschen aus aller Herren Länder verströmten einen Duft, dem man mit der rauchenden Weihrauchfass beizukommen suchte. Heute wird es zu herausragenden Festtagen geschwenkt – über einen Flaschenzug in der Vierung von sechs Männern bewegt. Dicke Rauchwolken quellen heraus, wenn es in die Seitenschiffe schwingt, Flammen schlagen heiß lodernd durch die Löcher des silbernen Gefäßes. Und es heißt, wer nur genügend Euros spende, für den werde das Fass auch außer der Reihe bewegt. Wer allerdings einen theologischen Überbau zu dieser Show entwickeln will, der sollte sich einen anderen Gegenstand seiner Überlegungen suchen, einen ernsthafteren.

Brücke/Brücken, die; sie verbinden zwei Ufer eines Baches oder Flusses und helfen, trockenen Fußes von einem zum anderen Ufer zu gelangen. Unterschiedlich sind ihre Formen: ein paar Holzstämme oder in Schrittlänge hintereinander ins Wasser gelegte Steine, eine Bohle oder eine Metallkonstruktion, mächtig gemauerte Steine oder elegant geschwungene Betonteile. Die B. sind stetige Begleiter des → Pilgers.

Brunnen, der; sammelt und spendet → Wasser. In Spanien kann man aus den meisten seine → Trinkflaschen auffüllen. Das entlastet das → Gewicht des Gepäcks, mit dem die Tagesetappe morgens begonnen wird. In Deutschland und Frankreich sind die → Friedhöfe wichtige Anlaufstellen, weil dort meist ein Wasserhahn vorhanden ist.

Café au lait; Versuch französischer Wirte und Wirtinnen, dem Kaffee das Aroma zu entziehen. Meist erfolgreich. Krönung dieses Versuches ist in manchen Fällen die Mitlieferung von Milch in einem separatem Gefäß inklusive der Haut, die sich beim Erwärmen der Milch gebildet hat. Kann Kindheitstraumata wecken.

Café con leche; Kaffee mit Milch(schaum) und Zucker. Nach der Erfahrung lindert er den Schmerz, stillt den Durst, vertreibt die Müdigkeit, regt die Phantasie an, fördert die Kommunikation. In der Literatur auch „Tropfen vom Paradies" genannt.

Camino; spanisch für Weg (1), Hauptwerk des Opus-Dei-Gründers Josemaría Escrivá de Balaguer (2). 1. Der Begriff C. ist inzwischen eingeführt als Bezeichnung für den Jakobsweg, gelegentlich ergänzt um geografische oder historische Attribute wie C. francés, C. real oder C. mozarabe. 2. Der 1902 geborene Escrivá veröffentlichte sein Hauptwerk „C." im Jahre 1928, das Opus Dei wurde im Oktober des gleichen Jahres gegründet. Seine These, die zur Gründung des Opus Dei führte: Jeder Katholik soll an seinem Arbeitsplatz nicht nur hervorragend beruflich qualifiziert sein, sondern zugleich auch als ein herausragender Christ agieren. Das Opus Dei ist seit seiner Gründung in der Kritik, weil es innerhalb der katholischen Kirche eine Sonderstellung innehat und Außenstehenden wie ein Geheimbund erscheint. Ob die Titelwahl des grundlegenden Buches und die Popularität des Jakobsweges in Spanien miteinander in Relation stehen, ist Spekulation.

Camino francés; Frankenweg von Roncesvalles nach Santiago de Compostela – so jedenfalls auf historischen Karten. Ansonsten „El camino real francés" erst ab Puente la Reina bzw. kurz vorher vom Punkt des Zusammentreffens der französischen Wege bei Obanos.

Camino mozarabe; → Via de la plata

Cruz de Ferro; auf einem etwa 15 Meter hohen Holzstamm, der aus einem Steinhaufen aufragt, ist ein Eisenkreuz, das C., befestigt. In den vergangenen Jahren haben Sympathisanten der baskischen Freiheitsbewegung ETA den Holzstamm mehrfach durchgesägt. Das C. ist einer der markantesten Punkte auf dem spanischen → Camino, oberhalb von Foncebadón am Rabanal-Pass. Traditionell legen die Pilger dort einen → Stein ab, den sie von zu Hause mitgebracht haben. Tausende Steine bilden dort inzwischen einen zusätzlichen kleinen Berg. Das C. ist oft auch Wetterscheide.

Compostela, die; Urkunde, die in Santiago de Compostela in lateinischer Sprache bestätigt, dass der Pilger die letzten 100 Kilometer zu Fuß oder mit dem Pferd oder die letzten 200 Kilometer auf dem Fahrrad zurückgelegt hat. Den Nachweis dazu liefert man mit den → Stempeln im → Pilgerausweis. Äußere Bestätigung für etwas, was letztlich im Herzen des jeweiligen Pilgers ohnehin dokumentiert ist. Aber als Nachweis für die Daheimgebliebenen allemal ausreichend dekorativ und eindrucksvoll.

Dösen, das; plan- und zielloses Freilassen jeglicher Gedanken. Wichtiges Mittel, Abstand vom Alltag zu Hause und vom Alltag des → Wanderns zu finden. Vorübergehender Zustand der Besinnungslosigkeit. Medizinisch nicht eindeutig definierbarer, dennoch subjektiv feststellbarer Übergang von aktivem Nachdenken und zufälligem → Träumen. Unerlässlicher Aggregatzustand zwischen → Ankunft und → Waschen.

Donativo; Spende als Anerkennung für die Übernachtungsmöglichkeit in einem der spanischen → Refugios. In der Regel ist die Höhe ins Ermessen des → Pilgers gestellt, gelegentlich auch an der entsprechenden Kasse durch eine Notiz diskret angedeutet. Man sollte sich bewusst sein, dass hinter vielen Refugios ehrenamtliche Arbeit der Menschen vor Ort und/oder viel Einsatzfreude von Helfern aus Jakobusgesellschaften anderer Länder steckt. Die Spende dient also in erster Linie dazu, die laufenden Kosten an Strom und Wasser zu tragen. Bereichern kann sich daran niemand.

Durchlauferhitzer, der; man ahnt es, aber die Wanderung macht es deutlich: ehe der D. als technisches

Gerät zur Erwärmung von Wasser erfunden wurde, gab es ihn bereits in der Natur. Der menschliche Körper ist in der Lage, aufgenommenes kaltes → Wasser binnen kürzester Zeit zu erwärmen und als Schweiß wieder auszuscheiden. Dabei hängt das Tempo der Erhitzung beim Menschen von zwei Graden ab: vom Grad des jeweiligen → Aufstiegs und vom Grad der gefühlten Temperatur.

Dusche, die; ganz gleich, ob die D. heißes oder kaltes → Wasser spendet, ihre Nutzung gehört am Abend zum → Ritual des → Pilgers. Denn das Abspülen von Staub und Schweiß des Tages lässt auch schwierige Etappen schnell vergessen, zumindest taucht die D. sie in ein milderes Licht. Die Installation ist manchmal eher primitiv. Aber Komfort und Luxus erwartet kein Pilger. Entscheidend ist, dass aus den D-düsen überhaupt Wasser kommt.

Ebene, die; → Meseta, die

Einsamkeit, die; auch wer als Mitglied in einer → Gruppe auf dem → Weg ist, wird sehr schnell die E. kennen lernen. Denn in der Gruppe hat jeder seinen eigenen Wanderrhythmus. Über kurz oder lang ergibt sich, dass eine Gruppe in ihre Einzelteile zerfällt, ehe sie am Abend oder zwischendurch bei verabredeten Haltepunkten wieder zur → Gemeinschaft zusammenfindet. Die E. bietet den Vorteil, dass sich der → Pilger ganz mit sich, seiner → Motivation, seinen von zu Hause mitgebrachten Problemen oder sich den nach dem → Ziel ergebenen Perspektiven auseinandersetzen kann. Oder auch nur ganz einfach die Gedanken schweifen lässt – ohne Zweck und Ziel.

Elastoplast; elastisches, etwa 5 cm breites, auf eine Rolle aufgewickeltes Textil, das einseitig mit einer Klebemasse versehen ist. Hilft beim → Bandagieren verletzter Muskeln und Gliedmaße. Hat auch schon gute Dienste bei der Behandlung von → Blasen geleistet, weil sich unter E. die neue Haut entwickeln kann, ohne beim → Wandern zu behindern. Letzteres hat E. bei

manchem → Pilger den Titel „Wunderpflaster" einge-
bracht.

Endorphine, die; natürliches Opiat des Körpers, das
auch „Glückshormon" genannt wird. Von Langstre-
ckenläufern wird berichtet, dass sie sich in einen
Rausch laufen. Ähnliches wird gelegentlich auch bei
→ Pilgern beobachtet. Vgl. → Adrenalin

Engel; es gibt → Pilger, die glauben fest an die Gegenwart von E. auf dem → Camino. Sagen wir es so:
es gibt Erfahrungen, die lassen sich nicht rational erklären. Die nimmt der Pilger hin. Dazu gehören die
kleinen → Wunder, die Schmerzen über Nacht vergehen lassen. Und dazu zählen auch ein gutes Wort des
Begleiters zur rechten Zeit oder eine hilfreiche Geste in
der Not. Vielleicht schlüpft der Schutze. dann in die
Haut des Freundes oder der Partnerin. Dass subjektiv
der gerade Helfende dann wie verschwunden erscheint,
kann man gelegentlichen Erzählungen von Mitpilgern
entnehmen. Wer daran glauben will, soll es tun. Dass
man nicht allein ist auf dem Weg – im wörtlichen wie
übertragenen Sinne – das jedenfalls ist gewiss.

Erotik, die; E. auf dem → Camino de Santiago? Das
mag weit hergeholt sein – und liegt doch so nahe. Beginnen wir mit der → Muschel, die zum Sinnbild des
Pilgerweges nach Santiago de Compostela geworden
ist: Schon in der Antike galt sie als erotisches Attribut
der Venus, der Göttin der Liebe. Ulrich Wegner verweist

auf das Mittelalter, das in der Muschel den keuschen Schoß der Jungfrau Maria sah, deren Perle Jesus war. Oder als ein → Zeichen für Auferstehung. Wie auch immer?! Der → Pilger heute geht es wohl profaner an: Denn der Weg will erobert werden wie eine schöne Frau von ihrem Liebhaber – das kann Mann so sehen. Ist der Pilger zu ungestüm, ermüdet er vor dem Höhepunkt. Er muss sich auf den Weg einlassen, auf die Umstände und die anderen Mitpilger. Er muss Rücksicht nehmen und empfänglich sein für das Gegenüber. Und ist es nicht so, dass der landestypische → Käse am Zielort Santiago angeblich den → Kurven der weiblichen Brust nachgebildet ist, zumindest diese Assoziation nahe legt? (vgl. → Kurven, → Sexualität)

Ersatzpilger, der; im Mittelalter war es möglich, die Strafe der Pilgerschaft nach Santiago de Compostela durch einen E. absolvieren zu lassen. Daraus entwickelten sich eigene Gruppen, die ihren Lebensunterhalt damit verdienten, sich für jemand anders auf die → Wallfahrt zu begeben. Nachdem diese Art der Pilgerschaft aber immer mehr missbräuchlich verwandt wurde, kam es zur Einführung von Ausweisen und anderen Zertifikaten, die die Glaubwürdigkeit des Besitzers belegten.

Essen, das; notwendige Rohstoffzunahme für den ausgemergelten Körper. Wird gelegentlich vergessen, weil es so heiß, so anstrengend, so schön auf dem → Weg ist. Dennoch nicht zu vernachlässigen, weil dem Körper eine Menge abverlangt wird und er deshalb dringend der Nahrungsaufnahme bedarf. E. gibt es in unterschiedlichen Formen – als Tafel Schokolade oder → Brot mit → Käse, als Joghurt oder Obst unterwegs. Oder am Abend im Restaurant als → Menú del día oder → Menu de jour. Oder – und das kann die Krönung bedeuten – als gemeinsames Mahl in der → Herberge, improvisiert, aber dennoch nicht minder lecker. Dann tut man nicht nur dem Körper etwas Gutes, sondern auch der Seele.

Etappe, die; Wegstück, das in einer bestimmten Zeit zurückgelegt wird. Unterschieden wird gemeinhin zwischen Tages- und Jahres-E. Bei der Planung ist wichtig, nicht nur die Strecke allein zu berücksichtigen, sondern auch das → Profil der Landschaft.

Familie, die; wichtige Basis für die wandernden →
Pilger. Außer in den seltenen Fällen, in denen die Fa-
milie/der Partner/die Partnerin mitgehen, muss sie los-
lassen können. Und fast noch wichtiger: sie muss den
durch die Pilgerschaft veränderten Menschen auch
wieder aufnehmen, muss seine wiederholten Erzählungen nicht nur anhören, sondern nach einer Weile auch
ertragen, muss Verhaltensänderungen begreifen und
annehmen. Die F. kann etwas Neues lernen, wenn es
den Heimkehrern gelingt, ihre Erfahrungen und Er-
kenntnisse nachvollziehbar zu vermitteln. Die F. ist
aber auch der Ruhepunkt in der Heimat, von wo aus in
Notfällen Hilfe organisiert und an die überflüssiges Gepäck zurückgeschickt werden kann. Wichtiges Kon-
taktmittel ist dann das → Telefon oder neuerdings auch
das → Handy. Im übertragenen Sinne wird der Begriff
der F. aber auch auf eine → Gemeinschaft von Pilgern
angewandt, die sich auf dem → Weg finden, am Morgen und Abend treffen und einander austauschen. In
geschwisterlicher Liebe miteinander verbunden können sie sich gegenseitig helfen: Tipps zur Wegführung,
medizinischer Rat bei Verletzungen oder seelischer
Trost bei Durchhängern. Oft bestehen solche brüderli-

chen und schwesterlichen Beziehungen über die gemeinsamen → Etappen hinweg.

Finger, die; ob der → Pilger will oder nicht, seine F. werden im Laufe eines Tages zu dicken Würsten. Das Blut staut sich in den meist herunter hängenden Händen. Dies ist nicht weiter bedrohlich, sondern eher ein ästhetisches Problem. Hilfreich ist, in regelmäßigen Abständen die Unterarme hoch zu nehmen und in die Tragegurte des → Rucksacks einzuhängen. Aber Vorsicht: Dann kann die Durchblutung der Unterarme behindert werden, wenn der Ellenbogen zu stark und zu lange angewinkelt wird. Mindestens sollten gelegentlich die Hände zu Faust geballt und wieder geöffnet werden. Sinnvoll ist es auch, Hände und Arme über dem Kopf zu bewegen. Aber nicht alles Sinnvolle sieht auch gut aus ... Wer Ringe an den F. trägt, sollte dies vor dem → Aufbruch bedenken und sie am besten ablegen, da sie tagsüber scharf in die Haut einschneiden können.

Finisterre, span. Fisterra; vom lateinischen finis terrae – Ende der Erde gebildete Bezeichnung der Landzunge westlich von Santiago de Compostela am Atlantik. Wer es als Pilger bis hierher geschafft hatte, der warf seinen Pilgerstock ins Meer und verbrannte seine Kleidung. Ein Ritual, das heute wohl nicht mehr angebracht ist, das aber deutlich macht, wie sehr der Mensch sich auf dem langen und beschwerlichen Weg zum Apostelgrab gewandelt hat. Der Weg von Santiago an die Küste ist auch heute noch beschwerlich, zuweilen auch nicht ganz ungefährlich, wie Berichte von Pilgerinnen belegen. Vielleicht ist es angemessen, diese „Etappe" mit dem Bus innerhalb eines Tages zurückzulegen.

Flan, der; Kuchen, der aus einem Mürbeteig als Boden und einem darüber gebackenen Vanillepudding besteht: Flan nature. Manchmal auch mit Aprikosen oder Heidelbeeren verfeinert. In Lothringen zum ersten Mal probiert und gleich zum „Manna für Pilger" erklärt. Besonders wenn er aus der Kühltheke kommt und frisch ist. Vorteilhaft ist, dass ihn auch der (sehr) müde Pilger ohne große Anstrengung vertilgen kann, da er so gut wie nicht gekaut werden muss: Er lässt sich durch bloßes Drücken der Zunge gegen den Gaumen schluckfertig machen.

Flaschen, die; da der → Wanderer, besonders bei heißem Wetter und bei anstrengenden Abschnitten, sehr viel schwitzt, muss er auch viel trinken. Für den entsprechenden Ausgleich können → Bars und → Brunnen am → Wege sorgen. In einsameren Gegenden bleibt keine andere Wahl, als gefüllte Wasser-F. mitzunehmen. Das erhöht zwar das „Startgewicht" des → Rucksacks am Morgen, wird aber durch die Erfrischung später mehr als aufgewogen. Empfehlenswert sind F. aus Aluminium mit geringem Eigengewicht. Vorsicht beim Einfüllen von kohlensäurehaltigem Mineralwasser: Der Druck im Inneren der F. kann so stark ansteigen, dass der Dichtungsring → Wasser austreten lässt.

Flirten, das; klar, auch F. kommt auf dem → Camino vor. Wäre gelogen, es zu leugnen. Aber es kommt leichter daher als in der Disco, unbeschwerter als am Arbeitsplatz. Schließlich sind es erwachsene Männer und Frauen, die Tag und Nacht miteinander leben, die vor allem dasselbe Ziel verfolgen. Imponiergehabe fehlt, Balzerei ist reduziert. F. auf der → Wallfahrt ist wie das Sahnehäubchen auf der Erdbeertorte – eine hübsche Ergänzung, an der die Beteiligten ihre Freude haben, weil es zu nichts verpflichtet. Ein Spiel, das weder Sieger noch Besiegte kennt.

Flucht, die; im Mittelalter nutzten nicht Wenige die Pilgerschaft nach Santiago de Compostela, um vor widrigen wirtschaftlichen oder familiären Verhältnissen die F. zu ergreifen. Es war die einzige legitime Begründung für eine längere Abwesenheit von zu Hause. Oft war es ein Aufbruch ins Ungewisse, vor allem ungewiss, ob auch die Heimkehr gelingen könnte. Heute ist der Aufbruch zum Grab des Apostels Jakobus zuweilen auch die unbewusste Flucht vor Problemen zu Hause. Dies erscheint dann legitim, wenn sich der Pilger diesen „Fluchtgedanken" auch eingestehen kann. Weil er weiß, dass er in absehbarer Zeit wieder zurückkehrt und sich dann erneut seinen Problemen stellen muss. Er wird dann aber möglicherweise anders mit ihnen umgehen können, weil er auf dem Weg gelernt, zwischen Wichtigem und weniger Wichtigem zu unterscheiden, weil er erfahren hat, dass er auch mit Wenigem auskommen und glücklich sein kann, weil ihm bewusst geworden ist, wie sehr er auf seinen Körper hören muss und dass Zeit eine sehr relative Größe ist. So kann die vorübergehende Flucht zu einer fundierten Lösung der Probleme führen.

Föhn, der; Luxusartikel und deshalb beim → Wandern verzichtbar, so die These der einen. Wichtiges Hilfsmittel, weniger, um morgens (oder abends) die Haare zu stylen, sondern vielmehr, um die am Vorabend gewaschenen Socken am Morgen zu trocknen, so die Gegenthese. Eine Synthese ergibt sich aus dem alten Wandererspruch: „Wechsle niemals die Socken, aber jeden Abend den Rotwein!"

Fotografieren, das; die einen speichern die Bilder des → Weges im Kopf, andere fotografieren, um möglichst viel an optischen Eindrücken festzuhalten und um diese später auch zunächst Unbeteiligten zeigen zu können. Auch in diesem Fall muss jeder für sich entscheiden, wie er verfährt, schließlich bringt der Fotoapparat (mitsamt Ersatzfilmen und –batterien) zusätzlich mehrere 100 Gramm auf die Waage.

Freund, der; mancher geht bereits mit einem F. los, kann sich auf ihn verlassen, kennt Stärken und Schwächen. Andere lernen erst während der Wanderung einen Bekannten näher kennen und schätzen. Die Dritten schließlich begegnen auf dem Pilgerweg anderen Menschen, fassen Vertrauen und schließen Freundschaft. Der F. kann zum Motivationskünstler werden und den

Müden aufrichten. Er hilft, Frust abzubauen und Perspektiven zu öffnen. Die Rolle des F. ist ständig wechselnd. Heute schon kann der zur Stütze werden, der gestern noch der Stütze bedurfte. Der F. ist Widerpart und Stichwortgeber, Gesprächspartner und Zuhörer, Mitlacher und Mitleidender, gelegentlich auch Mitesser. Er ist abends der letzte, mit dem man spricht, morgens der erste, den man sieht. Es ist wunderschön, einen solchen F. auf dem → Weg zu finden – und ihn danach auch als F. zu behalten.

Friedhof, der; besonders in Frankreich hilfreicher Ort, nicht nur, um über die Vergänglichkeit des Daseins zu meditieren, sondern vor allem, um an dem dort meist vorhandenen Wasserhahn die → Flaschen zu füllen und sich kurzzeitig zu erfrischen.

Frühstück, das; die erste Mahlzeit des Tages. Je nach Möglichkeiten ein selbstgebrauter Kaffee oder Tee mit einem Stück → Baguette des Vortages, die bereits von den Herbergseltern zubereitete Stärkung in der Frühe oder in Einzelfällen – weil oft zu zu später Stunde angeboten – das petit dejeuner im Hotel. Es kommt gelegentlich auch vor, dass bereits auf dem Weg im Gehen gefrühstückt wird – ein Brot und Schokolade, später mit ein paar Schlucken → Wasser abgerundet. Wie auch immer: F. muss sein, weil es die Basis für die Leistungsfähigkeit dieses Tages legt.

Funktionswäsche; die Textilindustrie hat Gewebe entwickelt, die die Körperflüssigkeit nach außen leiten, wo sie verdampfen kann. Diese Textilien verfügen über einen sehr hohen Tragekomfort und haben zudem den großen Vorteil, dass sie nach einer → Wäsche sehr schnell wieder → trocknen. Sie sind allerdings in der Anschaffung nicht ganz billig. Wer aber über längere Zeit oder öfter wandert, für den lohnt sich eine solche Investition, zumal sie das → Gewicht des → Rucksacks deutlich vermindert.

Gästebuch, das; der ganze Stolz vieler Hospitaleros. Mancher Pilger setzt seinen Ehrgeiz darin, möglichst bildreich seine Erlebnisse des Tages dort festzuhalten, damit Nachfolgende daran teilhaben können, besonders Talentierte schaffen kunstvolle Skizzen. Das G. ist aber auch ein wichtiges Kommunikationsmittel, um abschätzen zu können, ob man (gesuchte) Bekannte treffen kann – und wann und voraussichtlich wo. Manch einer/e nutzt das G. auch, um gezielt Botschaften loszuwerden. Und gelegentlich findet man sogar richtig lyrische Fetzen, die einen auch noch nach Jahren anrühren, wie dieser Satz im G. von El Burgo Raneiro: „.... ein heiliges Land, in dem man am hellen Tag wahrhaftig Engeln begegnen kann: Es gibt hier viele Portale in den Himmel ...“

Gelassenheit, die; „Lernen, was wichtig ist“ – das ist für viele Pilger wichtigste Erfahrung auf dem → Weg. Diese Erfahrung trägt auch im späteren Alltag, fernab von → Camino und Refugien, von St. → Jakobus und Pilgerfreunden. Erst eine Entwicklung abwarten, bevor man hektisch reagiert, erst zusätzliche Informationen einholen, bevor man ein Urteil oder eine Entscheidung trifft. Diese G. können nicht alle nachvollziehen, denn sie kennen nicht den Hintergrund, dass ein → Pilger immer Pilger bleibt und viele Erfahrungen auf dem Weg mit zurück in seinen Alltag bringt.

Geld, das; seit der Einführung des Euro gibt es das Umtauschproblem nicht mehr. Bemerkenswert, dass die kleinen Centmünzen (1, 2 und 5 Cent) in Spanien auf der Rückseite die Fassade der Kathedrale von Santiago de Compostela tragen und von daher auch beliebte Sammelstücke der Jakobspilger sind.

Gemeinschaft, die; selbst der, der alleine wandert, kann sich auf Dauer nicht der Gemeinschaft derer entziehen, die gleich ihm auf dem → Weg sind. Er trifft Mitpilger in den → Herbergen oder auf dem Weg, am Abend im Supermarkt oder in der Kirche bei der → Pilgermesse. Zuweilen geht man ein paar Kilometer nebeneinander her, unterhält sich in allen Sprachen der Welt, macht sich verständlich mit Gesten. Erfährt Motive und Lebensgeschichten, teilt Erfahrungen mit und berichtet von Erlebnissen trauriger oder lustiger Art. G. bildet sich vor allem da, wo gemeinsam gegessen wird.

Gite, der/das; wunderbare Einrichtung entlang der französischen Grand Randonée (GR). In der Regel kleine Pensionen für Selbstversorger mit allem Notwendigen. Oft alte Schulen, die offen stehen und in denen man sich unbekümmert einrichten kann. Am Abend kommt jemand vorbei, der zwischen 6 und 12 Euro an

Übernachtungsgeld kassiert, im Zweifel auch einen (meist grafisch nicht sehr attraktiven) Stempel für den → Pilgerausweis bei sich führt. Die Güte der Gîte ist immer abhängig von denen, die sich um die Instand- und Sauberhaltung kümmern – und der Sorgfalt derer, die das Gastrecht in Anspruch nehmen. Man kann (in Abstellkammern für alte Möbel) fürchterlich abgezockt werden, man kann aber auch wunderbar entspannt in neuen Betten in den nächsten Tag → träumen. Immer gibt es warmes bis heißes → Wasser zum → Duschen und → Waschen. Im Übrigen ganz ähnliche Verhält- nisse wie in den → Refugios in Spanien.

Gewicht, das; es gibt auch hier zweierlei Aspekte. Einmal das Gewicht des → Rucksacks (1), zum ande- ren aber auch das eigene G. (2). 1. Das G. des Ruck- sacks sollte so gering wie möglich sein. Die Erfahrung lehrt, dass bei sorgfältigem Packen etwa 8 bis 9 kg „Zu- ladung" erreichbar sind. Hinzukommt das Eigeng. des Rucksacks mit etwa 2 kg. Gerade Neulinge werden oft durch das Raumangebot ihres Rucksacks dazu verlei- tet, mehr einzupacken als wirklich zur Bewältigung der Strecke notwendig ist. Man muss nicht mit der Brief- waage einkaufen gehen, aber jedes Gramm zählt. Ein- facher, als nach zwei Tagen ein Paket mit Überflüssi- gem nach Hause zu schicken ist es, von vorneherein sehr sorgfältig an die → Planung heranzugehen und sich zu beschränken. 2. Der → Pilger trägt nicht nur das G. des Rucksacks, sondern auch sein eigenes. Wenn möglich, sollte er in der → Vorbereitung versuchen, sein „Kampfgewicht" zu erreichen, wenn er im → Training → Kondition aufbaut. Die Vorzüge eines reduzierten Eigengewichtes wird er bald spüren. Dass jeder im Laufe der Weges an G. verliert, wird dankbar in Kauf genommen. Aber Vorsicht: G., das man schnell verliert, kommt ebenso schnell wieder zurück

Grenzen; der → Weg führt an G. An die politischen und geographischen zwischen Deutschland, Frankreich und Spanien, an die zwischen den Provinzen. Er führt aber – mehr noch – an die eigenen G. Eine wichtige Erfahrung des Weges ist, seine G. kennen und annehmen lernen und sie gelegentlich auch überwinden. Dies schafft Selbstbewusstsein und Vertrauen in die eigene Leistungsfähigkeit. Diese Erfahrung mag besonders für die wichtig sein, die den Weg gehen in der Zeit zwischen dem Ende der aktiven Berufstätigkeit und dem Ruhestand. Nicht nur der geistig-spirituelle Akzent zum Einstieg in die neue Lebensphase ist wichtig, sondern ähnlich auch das Wissen um körperliche Fitness und die Kraft, auch schwierige Situationen (noch immer) meistern zu können. Wie von selbst stellen sich zudem Gedanken an den eigenen Tod ein, jene endgültige Grenzerfahrung. Erinnert wird der → Pilger daran nicht zuletzt durch die Gedenksteine am Wegesrand, die an Mitpilger erinnern, die auf diesem Weg ihre irdische Pilgerschaft mit dem Tod beendet haben.

Gruppe, die; wo viele Gleichgesinnte unterwegs sind, bildet sich leicht eine G. Die Gemeinsamkeit kann sich

aus dem gleichen Laufrhythmus ergeben oder der →
Sprache, der → Motivation oder unerklärlicher Sym-
pathie. Sie ist das äußere Bild der → Gemeinschaft, die
sich auf dem → Weg nahezu zwangsläufig bildet und
der man sich nur schwer entziehen kann. Manche G.
lebt auch nach Abschluss der → Wallfahrt fort und äu-
ßert sich in gelegentlichen Kontakten und der Anteil-
nahme am Leben „danach".

Handy, das; erhöht einerseits den Komfort auf dem
→ Camino, weil es den Kauf einer Telefonkarte, das Suchen nach Kleingeld und nach einer funktionsfähigen
Telefonzelle erspart. Gibt umgekehrt aber auch der daheimgebliebenen → Familie die Gewissheit, dass der →
Pilger jederzeit erreichbar ist. Strittig ist gelegentlich,
ob das H. zur Grundausstattung des Pilgers gehört oder
doch zu jenen Luxusartikeln, auf die gut verzichtet werden kann. Schließlich ist es zusätzliches Gewicht, erst
recht, da das Ladegerät mitgeschleppt werden muss.
Gerade für allein Pilgernde stellt das H. allerdings auch
eine Möglichkeit dar, im Notfall Hilfe herbeizurufen –
vorausgesetzt, man kennt die jeweils gültige → Notruf-
nummer.

Heiliges Jahr; wird immer dann gefeiert, wenn der
25. Juli, das Fest des hl. → Jakobus, auf einen Sonntag
fällt. Dann sind auf dem spanischen Jakobsweg besonders viele → Pilger unterwegs, was zu erheblichen Eng-
pässen in den Quartieren führt. In Santiago de Compostela wird dieser Tag mit Volksfesten und Feuerwerk
gefeiert. Die nächsten H. sind – in 28 Jahren periodisch
alle 6, 5, 6, 11 Jahre – in den Jahren 2004, 2010, 2021

und 2027 *(nach Ulrich Wegner, Der Jakobsweg, Herder 2000).*

Heimkehren, das; ähnlich wie der → Aufbruch ist das H. mit einer besonderen Spannung behaftet. Für manchen Heimkehrer ist es wie ein Kulturschock, wieder in den Alltag mit seinen Gewohnheiten einzutauchen. Die Erfahrung zeigt, dass besonders die ersten Tage wie in Trance erlebt werden und vieles Vertraute plötzlich fremd erscheint. Obwohl zu Fuß und daher außergewöhnlich langsam unterwegs, muss der → Pilger nun warten, bis die Seele nachkommt. Zudem muss er den Daheimgebliebenen verständlich zu machen suchen, warum er bestimmte Dinge nun anders sieht als vorher, warum ihm das eine wichtig, das andere unwichtig erscheint. Dieser Anpassungsprozess dauert unterschiedlich lange. Und zuweilen zeigt sich, dass der Pilger von einem → Virus befallen scheint, der ihn dauerhaft nicht mehr loslässt, sondern immer wieder neu den → Camino de Santiago gehen lässt – tatsächlich oder zumindest in Gedanken verbunden mit denen, die gerade aktuell unterwegs sind.

Herberge, die; → Gite d'etape, → Refugio

Hirschtalg, der; als Pflegemittel trockener und rissiger Haut hat H. in der Volksheilkunde eine ausgezeichneten Ruf. H-Creme hat die Eigenschaft, langsam in die Haut einzudringen und wie ein Schutzmantel an der Hautoberfläche zu verbleiben. Auf diese Weise

wirkt H. wie eine zweite Haut und hilft, bei langen Mär-
schen → Blasen an den Füßen oder den → Wolf zu vermeiden. H. wirkt bei stark beanspruchter Haut, vor allem bei Schwielen, Hornhaut und Wundscheuern. Er-
hältlich in Apotheken oder bei Drogeriemärkten.

Hose, die; es soll Wanderer geben, die schwören auf
die kurze H. Das verbessere das Wanderklima und lasse weniger schwitzen als mit langer H. Aber: Die An-
griffsfläche von Sonne und Wind auf die Haut wird
vergrößert, die vorbeugende Behandlung mit → Son-
nencreme kostet → Zeit. Das mag man in Kauf nehmen ebenso wie der anschließend in Streifen dekora-
tiv-verfärbte Körpereindruck. Zu bedenken ist aber,
dass manche Wegführung sehr eng an Brennnesseln,
Brombeerbüschen und anderem stechenden und beißenden Gewächs vorbeiführt. Dass der Pilger dann wie
als Beigabe auch die → Engel singen hört, mag dem
einen oder anderen den letzten Kick geben, allgemein
empfehlenswert sind kurze H. allerdings nicht.

Hospitalera/o, die/der; glücklich kann sich der
schätzen, der am Abend in einem → Gite oder → Refugio landet, dass von einem/r H. betreut wird. Wie eine Herbergsmutter oder -vater kümmern sie sich nicht
nur um die Betreuung der müden Gäste, sondern schaffen auch eine Atmosphäre der Gastlichkeit, die wohl-
tuend ist, erst recht, wenn die Wanderer am nächsten
Morgen mit einem kleinen → Frühstück auf die nächste Etappe entlassen werden. Wohl dem/r H., der/die die

richtige Mischung aus Strenge und Güte findet, ohne die sie bei ihrer wichtigen Verantwortung auf Zeit zerbrechen würden.

Hostal, das; gelegentlich die Alternative zum überfüllten → Refugio. Vergleichbar dem bekannten Hotel garni, eine einfache Pension, in der es morgens ein Frühstück gibt, wenn man denn so lange warten will und nicht schon früher aufbricht.

Hostal de los Reyes Catolicós; im Jahre 1499 von den spanischen Königen als Pilgerherberge gleich neben der Kathedrale in Santiago gegründet, ist es heute eines der vornehmsten Hotels Spaniens. An diese Tradition anknüpfend haben heute noch maximal zehn → Pilger täglich das Recht, an einem kostenlosen → Essen teilzunehmen nach dem Motto „Wer zuerst kommt, mahlt zuerst".

Hotel, das; gelegentlich gibt es keine andere Möglichkeit, als den Komfort eines H. zu nutzen, besonders dann, wenn der → Pilger vor Vezelay oder Le Puy en Velay seinen Weg beginnt. Dabei gibt es gerade in Frankreich H., die den gewohnten Mindeststandard nicht erreichen, sondern lediglich eine primitive Unterkunft bieten. Wie auch immer – die Nacht in einem H. kann auch als Motivationsschub dienen, um dem müden Körper und der strapazierten Seele eine außergewöhnliche Ruhepause zu gönnen und so neue Kraft zu tanken für den weiteren → Weg.

Hund, der; den H. gibt in verschiedenen Ausführungen – jeder Spezies wird der → Pilger möglicherweise nicht begegnen. Die harmloseste Ausgabe ist der legendäre Pilgerh. von San Juan de Ortega, der den jeweils letzten Pilger etwa fünf Kilometer begleitet, ehe er wieder zurückkehrt. Bedauernswert ist der Hofh. an der Kette, der immer neu in das Halsband rennt und laut bellend vor den harmlosen Fremden warnt. Gefährlich können freilaufende, wilde H. werden, die aber meist schon durch die Andeutung eines Steinwurfs wieder das Weite suchen. In jedem Fall hilfreich ist es in diesem Falle, einen Stock greifbar zu haben, um sich notfalls handgreiflich verteidigen zu können. Lästig ist ein zugelaufener H., weil er die Quartiersuche erschweren und damit das Wohlbefinden empfindlich stören kann, zumal, wenn der Wanderer an sich kein Hundeliebhaber ist. Hier hilft dann nur die Hoffnung, dass das Tier von anderen Pilgern oder Einheimischen „adoptiert" wird. Oder dass es gelingt, ihn zu überlisten und ihn so an einen nachfolgenden Wanderer weiterzugeben. Berichtet wird auch von Hunden mit Halsband, die sich Pilgern in Nordspanien anschließen. An diesem Halsband ist eine Telefonnummer markiert, mit deren Hilfe die Polizei in Santiago die Hunde wieder an ihre Besitzer bringt, ehe der Hund dann erneut aufbricht ...

I

Internet, das; inzwischen unverzichtbare Informationsquelle für → Pilger, weil sie aktuell auf Veränderungen auf der Strecke hinweist. Das Angebot ist mittlerweile kaum noch zu übersehen. Wichtige Adressen mit weiteren Links sind www.home.t-online.de/home/compostela sowie www.ultreia.ch

Irrweg, der; der I. lässt sich zuweilen nicht vermeiden: weil die Zeichen fehlen – der Baum, an dessen Stamm der Abzweig angezeigt war, ist zwischenzeitlich gefällt worden –, weil wir die Zeichen – ins Gespräch vertieft – nicht wahrgenommen haben, weil wir uns ganz woanders zu befinden glauben, als tatsächlich richtig ist. Der I. ist immer ärgerlich, weil er unnötig Kraft fordert. Er kann aber auch zum Nachdenken darüber führen, ob es nicht auch im eigenen Leben Irrwege gibt, die vermeidbar waren, auch solche, die uns zu Erfahrungen und Begegnungen führten, die wir im nachhinein nicht mehr missen möchten. Wie so vieles im Leben wie auf dem → Weg hat auch der I. zwei Seiten. Wenn es gelingt, seine positiven Aspekte mit zu betrachten, ist er am Ende gar nicht so schlimm. Ihn zu vermeiden, ist dennoch erstrebenswert.

Isomatte, die; ähnlich wie andere Ausrüstungsgegenstände ist die I. eher ein entbehrliches Gepäckstück. Wer auf Nummer Sicher gehen will, für den Fall, dass er auf dem Boden schlafen muss und dann eine etwas weichere Unterlage benötigt, der wird sie einpacken. Wer sich zutraut, auch bei härterem Untergrund Schlaf zu finden, der wird sie daheim lassen. Es soll → Pilger geben, die die I. nur spazieren getragen haben. Der Hinweis, dass sie ja auch bei der → Pause während des Tages als Sitzunterlage dienen kann, trifft zwar in der Theorie zu. In der Praxis kommt dies allerdings eher selten vor. Das mag aber daran liegen, dass jeder auch seine Pausen unterschiedlich gestaltet.

Jakobsleiter; 1. im Alten Testament jene Leiter in den Himmel, die Jakob, der Sohn Isaaks und Bruder Esaus im → Traum sah: „Während er schlief, sah er im Traum eine breite Treppe, die von der Erde bis zum Himmel reichte. Engel kamen auf ihr zur Erde herunter, andere stiegen wieder zum Himmel hinauf" (1 Mos 28, 12). Mit dem Jakobus des → Jakobsweges hat dieser Jakob nichts zu tun. Das Bild der eine → Treppe oder Leiter auf- und absteigenden → Engel mag allerdings an das → Träumen manches → Pilgers erinnern, der sich einen Engel herbei wünschte, damit er ihn ein Stück des → Weges tragen möge. Übrigens kommt im Umfeld dieser Stelle Gott selbst zu Wort, wenn er zum schlafenden Jakobus sagt: „Ich werde dir beistehen. Ich bewahre dich, wo du auch hingehst. Ich lasse dich nicht im Stich." Das klingt wie eine Segensverheißung für den heutigen Pilger. 2. Frühsommerblüher mit gefiederten Blättern und blauen Blüten, der auch Himmelsleiter genannt wird.

Jakobsstab, der; 1. Pilgerstab der Wallfahrer nach Santiago de Compostela. In mittelalterlichen Darstellungen hängt an dem J. auch eine → Kalebasse. 2. der

Name der drei in gerader Linie stehenden Sterne im Gürtel des Sternbildes Orion.

Jakobsweg, der; → Camino

Jakobus; J. der Ältere ist Sohn des → Zebedäus und der → Salome und Bruder des Apostels Johannes, des Lieblingsjüngers Jesu und Verfasser des Johannesevangeliums. Beide – sie stammten aus einer Familie, die sich vom Fischfang ernährte – werden auch die „Donnersöhne" genannt, wohl wegen ihres aufbrausenden Temperamentes. J. war bei herausragenden Ereignissen im Leben Jesu in dessen Nähe, so bei der „Verklärung" auf dem Berge Tabor oder im Garten Gethsemane am Beginn der Passion. J. wurde im Jahre 44 unter Herodes Agrippa I. ermordet, der erste der Apostel. Der Legende nach wurden seine Gebeine nach Spanien gebracht, wo er zuvor missioniert haben soll. Über seinem angeblichen Grab entstanden später Kathedrale und Stadt Santiago de Compostela. Sie wurden seitdem zum Ziel zahlreicher → Pilger aus allen Gegenden der Erde. Im Kampf der Christen gegen die Mauren spielte J. eine angeblich entscheidende Rolle, weil er den Christen zum Sieg in der Schlacht von Clavijo 844 verholfen haben soll. In zeitgenössischen Darstellungen wird er denn auch gerne als Krieger auf einem Pferd, als Matamuros – Maurentöter – dargestellt. Zuvor war sein Leichnam, so die Legende, auf wundersame Weise nach Galicien gelangt. Politisch durchaus klug und theologisch überhöht machte es Sinn, ein Apostelgrab in dieser Gegend Europas zu beherbergen und der Verehrung durch fromme Pilger anheim zu geben. Schließlich konnte die → Wallfahrt ans „Ende der Welt" auch den eigenen Lebensweg vorwegnehmen, der im Mittelalter allein darauf ausgerichtet sein sollte, ins Himmelreich zu gelangen. Dass in der Auseinandersetzung um die wahren Reliquien des J. gegenüber der südfranzösischen Stadt Toulouse so ein gewisser Vorteil erlangt werden konnte, wurde dankbar eingeräumt. Dort gab es, geradezu auf halber Strecke, den „billigen J.". (→ Via tolosana) J. ist Patron Spaniens sowie unter anderem der Apotheker, Drogisten, Hutmacher, Wachszieher und Kettenschmiede, vor allem aber der → Pilger. Sein Fest wird am 25. Juli gefeiert.

Jakobusbrief; gilt in der Fachliteratur als einer der „katholischen Briefe". Der Autor ist unbekannt, jedoch gilt als sicher, dass es nicht der Apostel → Jakobus der Ältere war. Der J. zeichnet sich dadurch aus, dass er in aller Kürze darstellt, dass der Glaube allein nicht zum Ziel führt, sondern dass auch Taten hinzutreten müssen, die gleichsam belegen, dass der Glaube an Gott echt ist. „Was nützt es, wenn jemand sagt, er habe Glauben, wenn er ohne Werke ist?" (Jak 2, 14)

Kalebasse; ausgehöhlter Kürbis, der den mittelalterlichen → Pilgern als Behälter für Trinkwasser (und/oder → Wein?) diente. Die bauchige Form, angebunden am → Pilgerstab, ist bei vielen bildlichen Darstellungen zu sehen. Heute ersetzt durch stoßfeste → Flaschen aus Aluminium.

Käse, der; Grundnahrungsmittel des Pilgers in Frankreich und Spanien neben dem → Baguette. Beide Länder bieten in ihren Geschäften eine Fülle an Auswahl. Beim Kauf sollte man sich allerdings darüber im Klaren sein, ob man den Käse noch länger transportieren muss oder ob er zum raschen Verzehr bestimmt ist. Im Übrigen sind bei diesem Einkauf noch die wenigsten Sprachkenntnisse nötig, weil die Verständigung mittels Fingerzeig ziemlich leicht gelingt. Beim → Menu de jour oft Alternative zum süßen Dessert.

Karte, die; die K. kommt im Pilgerleben in zweierlei Form vor: als Gruß nach Hause (1) und als Orientierungshilfe im Gelände (2). 1. Es wird sich rasch zeigen, dass das übliche Schreiben von „Urlaubs"-Grüßen während der Pilgerschaft nahezu völlig entfällt, weil der → Pilger am Abend meist zu müde ist, sich auf die Suche nach attraktiven Postkartenmotiven, Briefmarken und der Poststation zu begeben. In der Regel wird er erst am Zielort die notwendige Muße finden, Karten in die Heimat zu schicken. Die dann zudem sehr viel später eintreffen als er selbst. 2. Die topographischen Karten sind besonders dann unverzichtbar, wenn man sich nicht völlig auf die Markierung durch → Zeichen verlassen will. Mit der → Zeit wird er auch ein Gefühl für das in den Karten nicht auf den ersten Blick erkennbare → Profil der Landschaft entwickeln, was für die weitere → Planung nicht ganz unerheblich ist.

Knie, das; das K. gilt als eines der kompliziertesten Gelenke des menschlichen Körpers. Nicht ohne Grund ist es der Medizintechnik bis heute nicht gelungen, es künstlich auch nur annähernd leistungsfähig nachzubauen. Jeder → Wanderer/→ Pilger wird das früher oder später bestätigen können. Denn vor allem beim → Abstieg muss das K. die gesamte Körper- und Rucksacklast im Sekundentakt aushalten, abfedern und tragen. Oft sind Schmerzen an der Gelenkkapsel und am Meniskus (innen und/oder außen, rechts und/oder links) unausweichlich. Helfen kann dann a) langsamer gehen, b) → Pilgerstab oder Stöcke zur Entlastung zu Hilfe nehmen, c) eine → Bandage, d) eine längere → Pause oder e) ein Stoßgebet zum hl. → Jakobus mit der Hoffnung auf eine → Spontanheilung.

Knien, das; liturgische Haltung der Verehrung. Es hat sich gezeigt, dass es auch die Haltung ist, die dem müden Körper des → Pilgers am ehesten Entspannung bietet. Weder Sitzen, schon gar nicht Stehen werden nach einem langen Marsch als angenehm empfunden. Und Liegen (als Alternative) ist in Kirchen nicht statthaft.

Köbes, der; in Köln für „Kellner". Der Ausdruck ist entstanden, als Jakobuspilger, die in Köln auf ihrem → Weg Station machten, zeitweise zur Auffrischung der Reisekasse in den Gaststätten rund um den Dom als Bedienung aushalfen. Aus „Jakobuspilger" wurde in der kurzen Rufform unter Einfluss des einheimischen Dialektes das liebevolle K. Dass diese auch heute noch → Pilger bedienen, kann nur im übertragenen Sinne verstanden werden, denn diese Touristen „pilgern" eher zu den Brauhäusern der Stadt denn zu den Reliquien der Heiligen.

Kompass, der; der erfahrene → Pilger erwirbt sich schnell ein Gefühl für die Himmelsrichtungen. Besonders wenn die Sonne scheint, kann er aus dem Fall des eigenen Schattens abschätzen, ob die Richtung stimmt. Wer diesem Gefühl nicht traut, wird sich einen kleinen K. besorgen, um im Zweifelsfall auf diese Weise die Himmelsrichtung zu bestimmen, erst recht, wenn der Wanderer den Markierungen des Weges nicht traut oder gelegentlich nach eigenem Geschmack querfeldein marschieren will.

Körperpflege, die; noch so intensive K. wird den → Pilger nicht davor bewahren können, schon nach wenigen Tagen zu → müffeln. Es ist unausweichlich, dass durch den veränderten Stoffwechsel, die ungewohnte Ernährung und die Schweißabsonderungen die körperlichen Ausdünstungen intensiver sind als im Alltag. Kommen die → Salben und Cremes hinzu, die an bestimmten Körperstellen notwendig sind und ihre eigenen Akzente setzen. Dennoch ist K. absolut notwendig, schon um subjektiv das Gefühl zu erwecken, man bemühe sich um einen guten Eindruck. Es wurden auch weibliche → Pilger beobachtet, die beispielsweise wie im Alltag Make up auftrugen und mit der Förderung des eigenen Wohlbefindens auch männliche Pilger an vorübergehend vergangene Zeiten erinnerten. Unerlässlich für eine K. ist zudem → Wasser gleich welcher Temperatur sowie das → Waschen und → Trocknen der verschwitzten Wäsche.

Kondition, die; K. bekommt der → Pilger während der Wanderung auf dem → Jakobsweg ganz automatisch, besser ist, man bringt bereits einen Grundstock an Ausdauerleistung mit. Diese Voraussetzung erleichtert jedenfalls, die Anstrengungen des Tages zu ertragen und sich abends schneller zu erholen. Wer sich ohnehin bereits sportlich betätigt, der braucht auch nicht viel zu trainieren. Wer allerdings im Alltag viel am Schreibtisch sitzt und wenig Bewegung hat, der sollte mindestes drei Monate vor dem → Aufbruch mit dem

Aufbau von K. beginnen. Entweder durch Joggen oder durch Fahrradfahren (im Freien oder im Keller). Dieses Vorbereitungstraining sollte möglichst auch Phasen beinhalten, in denen man den inneren → Schweinehund überwinden muss, um durchzuhalten. Man stelle sich immer vor, dass es solche Situationen beim → Wandern täglich mehrfach durchzustehen gilt. Da ist es gut, sie vorher ein wenig einzuüben. Ins Ermessen jedes einzelnen ist gestellt, ob man auch mit → Gewicht, also gepacktem → Rucksack trainiert. Wenn letzterer noch neu und unbekannt ist, kann es hilfreich sein, sich aneinander zu gewöhnen.

Kopfbedeckung, die; an heißen Sonnentagen unerlässlicher Schutz. Dabei ist die Wahl der K. dem persönlichen Geschmack des einzelnen → Pilgers überlassen. Wählen die einen einen Tropenhut oder eine Baseballkappe, reicht anderen das an den vier Ecken verknotete Taschentuch und wieder anderen eine Baskenmütze. In bildlichen Darstellungen ist die → Muschel als Kennzeichen des Pilgers oft an dessen K. angebracht.

Kuckuck, der; begleitet den Jakobspilger auf seinem Weg. Merkwürdig: meist ist er von vorne rechts zu hören, ganz gleich, in welche Himmelsrichtung man gerade läuft. Europa scheint von einem Kuckucks-Netzwerk überzogen, dessen Mitglieder sich in der akustischen Begleitung der Pilger ablösen. Vorschlag: Er sollte „Jakobsvogel" oder „Pilgervogel" heißen.

Kurven, die; der → Wanderer kann ihnen nicht entgehen, er erwandert sie geradezu dreidimensional: Im Auf und Ab des Landschaftsprofils zeigen sich ihm die Berge und Täler in K., aber auch im Wechsel der Richtungen präsentiert sich der Weg als kurvenreich. Dass es auch andere – menschliche – K. zu ahnen, manchmal auch zu sehen gibt, sei nicht verschwiegen, hier aber aus Gründen des Jugendschutzes nicht weiter ausgeführt. Vgl. dazu → Erotik, → Sexualität

Küstenweg; 1. der heute wenig genutzte – aber von der Region Aquitaine wieder propagierte – K. von Soulac nach St. Jean de Luz vor dem Grenzort Hendaye diente im Mittelalter → Pilgern aus England (deshalb auch „Weg der Engländer"), aus der Normandie und der Bretagne als kürzeste Verbindung zu den Pyrenäen. Bis in die Mündung der Gironde konnten sie Schiffe und Boote benutzen. Die Route führt durch Aquitanien und berührt viele Küstenorte am Atlantik. Lanceau, Le Teich, Mizan, Bayonne und Biganos sind Zwischenstationen, die durch Kirchen, Überreste von Hospizen oder Kunstwerke Zeugnis geben von der mittelalterlichen Tradition. 2. der Weg entlang der nordspanischen Küste wird auch K. genannt.

Labello-Stift, der; es überrascht immer wieder, wie
sehr → Wind und → Sonne die Lippen austrocknen
können. Da kommt nicht nur dem persönlichen Wohlbefinden der gelegentliche schützende Gebrauch eines
L. entgegen, sondern auch die Zuversicht, dass Partner
oder Partnerin den Wiedersehenskuss als noch angenehmer empfinden als ohnehin schon.

Landschaft, die; das → Wandern auf dem Jakobsweg bietet L. pur – lauschige Täler und schattenlose →
Ebene, lärmende Städte und romantische Dörfer. Durch
die langsame Art der Fortbewegung nimmt der Fußpilger Details war, die dem Rad- oder Autofahrer verbor-
gen bleiben. Er ist dabei aber auch den Anforderungen
des Landschaftsprofils sehr viel stärker ausgesetzt als
diese, muss er doch jeden → An- und → Abstieg mit
Muskelkraft bewältigen. Dennoch – ein eindrückliches
Vergnügen.

Leistung, die; ob man will oder nicht, der Leistungs-
gedanke lässt sich auch auf dem Pilgerweg nach Santiago de Compostela nicht verdrängen. Denn es ist eine
L., über viele Kilometer hinweg, ausgesetzt den Unbil-

den der Natur, einen schweren → Rucksack zu schleppen. Dabei gerät der → Pilger durchaus auch an seine körperlichen und seelischen → Grenzen. Es geht aber weniger darum, eine bestimmte Strecke in einer bestimmten, möglichst kurzen → Zeit zurückzulegen. Dies ergibt sich mehr oder weniger aus der Leistungsfähigkeit und –bereitschaft des einzelnen. Sie sind die Voraussetzung dafür, überhaupt das gesetzte Tages- oder Gesamtziel zu erreichen. Dabei gibt es durchaus Zeitgenossen, die einen Tagesschnitt von über 40 Kilometer erreichen – und das nach eigenen Angaben über einen längeren Zeitraum hinweg. Wem es hilft und wer sich dabei noch wohlfühlt, dem sei auch diese L. gegönnt. An der Entdeckung der Langsamkeit werden diese Mitmenschen nicht teilhaben. Mag sein, dass sie auf andere Weise ihre Befriedigung finden. Zumal man niemandem gegenüber irgendeine L. rechtfertigen oder nachweisen muss. Nur sich selbst ist man verantwortlich, wie und wie schnell oder langsam man den → Weg zurücklegt. Es geht niemals um Rekorde, sondern lediglich darum, sich dem → Ziel zu nähern.

Lektüre, die; man mag es nicht glauben, aber die → Zeit auf dem → Camino bietet vielfältige Gelegenheiten, sich abzulenken oder die tagsüber gewonnenen Eindrücke zu verstärken. Hilfreich ist dabei die rechtzeitige Auswahl der mitzunehmenden Lektüre. Der geistlichen Ausrichtung entsprechend empfiehlt sich bei dem einen die → Bibel, andere bevorzugen vielleicht einen Band mit Gedichten oder einen Roman. Die Erfahrung zeigt, dass Letzteres zu Schwierigkeiten führen kann, nicht nur wegen des Volumens (= Gewicht) der meisten Romane. Dem → Weg und dem zur Verfügung stehenden Zeitbudget angemessener ist meist die Sammlung von Erzählungen. Je nach Autor und Thematik sind sie leicht konsumierbar und dienen der Entspannung, oder sie geben Stoff zum Nachdenken auf der nächsten Tagesetappe. Die Mitnahme von L. ist letztlich zusätzliches → Gewicht. Und wer eng und streng rechnet, wird sich allein auf sich selbst verlassen und die L. zu Hause lassen.

Limit, das; die wenigsten kennen ihre → Grenze, bis zu der sie bei körperlichen Anstrengungen zu gehen vermögen. Der → Camino macht jedem sehr unmittelbar bewusst, wann er sein L. erreicht. Und er wird immer wieder erstaunt feststellen, dass er sehr viel leistungsfähiger ist, als er zuvor geglaubt hätte. Gerade Strecken im Gebirge fordern alle verfügbaren Kräfte. Hier ist aber nicht nur körperliche Kraft gefragt, die man sich in gewissem Umfang auch während der → Vorbereitung antrainieren kann. Wichtiger noch ist die mentale oder psychische Kraft, die den inneren → Schweinehund überwinden hilft. Dieses L. zu erfahren, kann befreiend sein. Zwar ermüdet eine solche → Etappe auch überdurchschnittlich, sie verschafft aber in der Rückschau große Befriedigung und gibt das Selbstbewusstsein, kommende Herausforderungen gelassen anzugehen.

Löffel, der; unerlässliches Hilfsmittel, das nicht nur die Gabel, sondern notfalls auch das → Messer ersetzen kann. Besonders Gewichtsbeflissene sägen aus dem Griff das Innenstück heraus, um so weitere Gramm zu sparen.

Madalenas, die; in Frankreich: **Madeleines**; kleine Kuchen aus viel Ei, Mehl und Zucker. Wenn man Pech hat, dann sind die eierlegenden Hühner zuvor mit Fischmehl gefüttert worden, was den kleinen Kuchen einen unverwechselbaren Geschmack gibt. Wenn man Glück hat, sind sie das Mittel gegen den kleinen Hunger zwischendurch.

Magnesium, das; wichtiges Mineral, das – als Sprudeltablette in Wasser aufgelöst – Muskelkrämpfe in den Waden verhindern kann. Die paar zusätzliche Gramm werden leicht ertragen, helfen sie doch, unliebsame Überraschungen zu vermeiden. Der Körper – gleichsam der Motor des → Pilgers – bedarf der sorgfältigen Pflege. M. hilft dabei neben → Vitamintabletten ungemein.

Marschieren, das; unterscheidet sich vom → Pilgern bzw. → Wandern lediglich durch die → Motivation des Handelnden. Das M. legt es darauf an, eine möglichst lange Strecke Weges möglichst rasch zurückzulegen. Gelegentlich unausweichlich, wenn es gilt, ein bestimmtes Ziel zu erreichen. Auch hier gilt: Ein Pilger kann auch (mal) m. Fraglich ist aber, ob ein Marschierer auch pilgert.

Menu de jour; Angebot französischer Restaurants. Besteht in der Regel aus Vor- und Hauptspeise, Dessert (süß oder → Käse) sowie Kaffee. Meist gehört auch eine Flasche → Wein dazu. Manchmal die einzige Möglichkeit, am Abend etwas → essen zu können, da es in vielen Orten keine Einkaufsmöglichkeit für Selbstversorger gibt.

Menú del día; Tagesangebot spanischer Restaurants, in der Regel erst ab 21.00 Uhr. Wundervolle Möglichkeit, völlig unkompliziert die spanische Küche näher kennen zu lernen, weil in der Regel zwischen verschiedenen Vorspeisen, Hauptspeisen und Desserts gewählt werden kann. Hinzu kommt in der Regel eine Karaffe → Wein, die im Glücksfall dazu reicht, die nötige Bettschwere zu erzielen. Die durchaus attraktive Alternative zum Selberkochen, weil Zubereitung und anschließendes Spülen entfallen, allerdings eine gewisse Strapazierung des Geldbeutels bedeutet. Zudem ist das M. eine Möglichkeit für die Fortsetzung der Kommunikation untereinander.

Meseta; wer auf der Welt nichts anderes kennt als die spanische Hochebene M. zwischen Burgos und Léon, der kann wirklich glauben, die Erde ist eine Scheibe: Eben wie ein Teller dehnt sie sich bis zum Horizont aus. Kaum → Schatten spendende Bäume und schnurgerade Wege bilden eine Herausforderung, besonders ans Gemüt des → Pilgers. Wie kaum an einer anderen Stelle des → Weges fühlt er sich der Natur ausgeliefert, weil Schutz nicht in Sicht ist und → Wind, → Regen und → Sonne ihn schonungslos attackieren können.

Messer, das; am besten wählt man ein Schweizer Offiziers-M. (oder vergleichbares Fabrikat) mit mehreren Funktionen. Dosenöffner und Korkenzieher sollten neben dem eigentlichen M. in jedem Fall vorhanden sein.

Milchstraße, die; volkstümliche Bezeichnung eines Sternenbildes (1) sowie Film von Louis Buñuel aus dem Jahre 1969 (2). 1. allgemeine Bezeichnung für die Anhäufung von Sternen, zu der beispielsweise die Sonne und das Sonnensystem gehören. Ihren Namen verdankt die M. ihrem Erscheinungsbild: Am nächtlichen Sternenhimmel sieht sie für den → Pilger – wenn er denn lange genug aufgeblieben ist und nicht früh den Schlaf vorzieht – so aus wie ein milchig leuchtendes Band. Einzelsterne, die nahe genug zum Sonnensystem stehen, kann er dann mit bloßem Auge erkennen. 2. „Die beiden Clochards Pierre und Jean begegnen auf ihrem neuzeitlichen Pilgerweg – der alten Pilgerstraße von Paris nach Santiago de Compostela folgend – Ereignissen, Beispielen und Gestalten aus mehreren Jahrhunderten abendländischer Kirchengeschichte. Die einer kabarettistischen Dramaturgie folgende Episodenrevue, die selbst Visionen von Gott und Teufel nicht auslässt, erweist sich streckenweise als bissig-polemischer Versuch einer Abrechnung Buñuels mit Irrtümern und Irrgängen der katholischen Kirche." *(Lexikon des Internationalen Films, 2002)*

Motivation, die; es gibt viele verwandte M. und doch wird jeder → Pilger seine individuellen Beweggründe nennen können, die ihn den → Weg haben gehen lassen. Geht der eine los, um festzustellen, wie fit er in einem bestimmten Lebensalter ist, geht der andere, um einen neuen Lebensabschnitt – die Übernahme einer neuen Verantwortung, der Eintritt in den Ruhestand oder auch die Hochzeit – besonders zu akzentuieren, wieder andere, um ein familiäres oder persönliches Problem zu klären und schließlich solche, die mit dem Bewältigen des Weges dem hl. → Jakobus ein Problem vortragen wollen, dass ihren Alltag ungünstig beeinflusst.

Müffeln, das; die Anstrengungen des → Weges, die eingeschränkten Möglichkeiten der Körperhygiene, die andere Ernährung und die veränderten Trinkgewohnheiten bringen es mit sich, dass der → Pilger schon nach wenigen Tagen eine eigene Aura entwickelt, die in Fachkreisen M. genannt wird. Verstärkt wird dieser Eindruck durch die verwandten Cremes und → Salben, die vor Sonne schützen und die Schmerzen an den Füssen lindern sollen. Dem M. kann ernsthaft nicht begegnet werden, der Pilger muss es ertragen, dass er sich nicht riechen mag. Erleichtert wird dieser Zustand lediglich dadurch, dass auch die Mitpilger unter dem M. leiden, das heißt, dass das M. des anderen im Idealfall gar nicht als M. empfunden wird. Vgl. auch → Körperpflege.

Muschel, die; die M. ist das Kennzeichen Santiago de Compostelas als Pilgerort. Diese Jakobsmuschel ist biologisch gesehen eine Kamm-Muschel mit dem Fachbegriff „pecten maximus", ihr Inhalt ist für Feinschmecker eine Delikatesse. Die Verbindung zum hl. → Jakobus beruht auf einer Legende: Ein Adliger ritt dem Schiff entgegen, das den Leichnam des Heiligen an Land bringen sollte. Prompt versank er mitsamt seinem Pferd in den Meeresfluten. Durch wundersame Fügung, die gleichfalls dem Heiligen zugeschrieben wurde, tauchte er aber schon bald wieder unversehrt aus dem Wasser auf – über und über mit M. bedeckt. Dass die Muschelschale auch als Schöpfgefäß genutzt werden konnte, ist ein anderer Aspekt für die Popularität dieses Zeichens. In Mittelalter soll sie zudem wie eine Erlaubnis zum Betteln gewirkt haben.

Muschelblick, der; es ist wie bei schwangeren Frauen und deren Partner – während dieser neun Monate sehen sie überall andere Schwangere. Ähnlich geht es denjenigen Pilgern, die bereits auf dem Weg unterwegs waren, und vom M. befallen werden: überall sehen sie Attribute der Pilgerschaft, vor allem → Muscheln. Und fragen sich, warum sie diese Symbole nicht früher bereits wahrgenommen haben. Übertragen lässt sich das auch auf Ausrüstungsgegenstände für → Wanderer oder einschlägige → Literatur.

Muschelbrüder, die; gegen Ende des Mittelalters, als sich ein Netz von Pilgerwegen über Europa zog, an dessen Knotenpunkten Hospize und andere Einrichtungen geschaffen wurden, um den Pilgern Unterkunft und Verpflegung zu gewähren, kamen weniger fromme Mitmenschen auf die Idee, sich zwar den äußeren Habitus des Jakobspilgers zu geben, also vor allem mit der → Muschel zu kennzeichnen, in Wirklichkeit aber nur an den Wohltaten für die echten → Pilger teilzuhaben ohne selber Pilger zu sein. Diese missbräuchlichen Pilger nannte man M. In manchen Gegenden waren sie sogar wie eine kriminelle Vereinigung organisiert, horchten in den → Herbergen die echten Pilger aus, um ihnen dann später aufzulauern und ihrer Barschaft zu berauben. Um solchen Missbrauch zu verhindern, wurden bald die → Pilgerausweise eingeführt, die heute noch die echten von den falschen Pilgern unterscheiden sollen. Missbrauch gibt es auch heute noch – allerdings ohne kriminellen Hintergrund, sondern schlicht aus Habgier (Erschleichen einer preiswerten Unterkunft) oder Rücksichtslosigkeit (dem den Schlafplatz wegnehmen, der sich tagsüber redlich gemüht hat).

Nähzeug, das; kann sein, dass man das N. nur spazieren trägt. Aber es kommt der Augenblick, an dem man dringend einen Knopf annähen oder eine aufgeplatzte Naht flicken muss. Und dann ist N. äußerst hilfreich. In der Regel reicht ein Set, wie man es gelegentlich in Hotels findet – ein paar Nadeln, ein paar Fäden und einige Ersatzknöpfe. Und eine → Schere hat man ja ohnehin dabei. Übrigens hilfreich ist durchaus, wenn es eine Hilfe zum Einfädeln gibt. Dadurch spart der → Pilger enorm viel → Zeit und Nerven, denn manchmal ist es so: eher geht ein Reicher mitsamt einem Kamel ins Himmelreich, als so ein verdammter Faden durch das Nadelöhr.

Nescafé, der; der im Alltag oft zu Unrecht verschmähte Pulverkaffee kann auf dem → Weg zur Hilfe werden. Denn eine Tasse → Wasser ist schnell heiß gemacht, zur Not holt man es aus der → Dusche. Beim → Frühstück kann er die noch schlummernden Lebensgeister wecken und die → Zeit bis zur ersten → Bar überbrücken helfen. Hilfreich sind die im Handel angebotenen kleinen Tassenportionen.

Notproviant, der; je nach Sicherheitsbedürfnis des → Wanderers wird er seinen N. einkaufen. Empfehlenswert sind in jedem Fall zwei Tafeln Schokolade und mehrere Müsliriegel. Zum N. gehört sicher auch ein ausreichend großer Trinkwasservorrat. Jeder Liter → Wasser ist zwar ein zusätzliches Kilo Tragegewicht. Dies ist aber ungleich leichter zu (er)tragen als unlöschbarer Durst.

Notrufnummern, die; für Frankreich gilt: 112 ist der allgemeine Notruf, 17 für die Polizei, 18 für die Feuerwehr und 15 für den Notarzt (SAMU); in Spanien ist der allgemeine Notruf unter 112 abzusetzen, die Feuerwehr unter 085 zu erreichen, die Guardia Civil (Polizei) unter 062. Möge der hl. Jakobus verhindern, dass diese Nummern je benötigt werden ...

Ohrstöpsel; preiswertere Lösung als das Buchen eines Hotelzimmers, um der Schlafstörung durch → Schnarcher zu entgehen. Von den Herstellern gepriesen als „optimaler Lärmschutz gegen Gehörschäden" lassen sie das Schnarchen der Mitpilger zu einem erträglichen Geräuschpegel verkümmern. Sie sind federleicht, bequem und nicht fuselnd. Einige Fabrikate sind sogar auswasch- und damit wiederverwendbar.

Pause, die; es gibt Musiktheoretiker, die die P. für wichtiger halten als manche kunstvoll erdachte Melodie. Die gezielt eingesetzte P. kann in der Musik die Spannung erhöhen, beim → Wandern ist die P. unerlässlich, um die Spannkraft zu erhalten. Die Erfahrung zeigt, dass spätestens alles zwei Stunden eine P. eingelegt werden sollte, um wenigstens einige → Becher voll → Wasser, am besten mit → Vitaminen oder → Magnesium, zu sich zu nehmen. Die P. kann auch dazu dienen, eine Zwischenbilanz zu ziehen und die → Etappenplanung zu überprüfen. Sie kann zudem in freier Natur an einem lauschigen Platz oder in einer → Bar stattfinden. Beliebte P-Plätze sind auch die Stufen vor einer Kirche oder der → Brunnen auf dem Marktplatz eines Dorfes. Die P. muss man sich leisten, es sei denn, regnerisches Wetter lässt ein Innehalten in freier Natur nicht zu. Aber selbst dann sollte ein Trunk im Stehen möglich sein, erst recht, wenn das Landschaftsprofil einen → Anstieg erwarten lässt. Denn dann sind die bei einem neuen → Aufbruch unausweichlichen Schmerzen leichter zu ertragen.

Pflanzen, die; wohl dem, der sich bei P. auskennt. Dann kann er am Wegesrand nicht nur wundervolle Blüten entdecken, sondern auch Kräuter sammeln, die den abendlichen Salat verfeinern helfen. Dabei fällt auch dem wenig Kundigen auf, dass er hier P. bestaunt, die er im heimischen Garten als Wildwuchs ausreißen würde. Auch hier zeigt sich, dass sich auf dem → Weg die Maßstäbe gelegentlich verschieben.

Pflaster, das; für P. gibt es zwei Bedeutungen, die für den → Wanderer/Pilger gleichermaßen eine Rolle spielen: P. als Verbandmaterial (1.) und P. als Bodenbelag (2.). 1. P. wird während der Wanderung in erster Linie zur Versorgung der → Blasen an den Füßen benötigt. Die Erfahrungen sind unterschiedlich. Die einen schwören auf spezielles Blasenp., das sich hauchfein wie eine zweite Haut über die betroffene Stelle legt und mittels eines Baumwollfadens für die Entwässerung der Wunde sorgt, andere bevorzugen das Aufschneiden der Blase, um dann ein herkömmliches Pflaster zum Schutz darüber zu kleben. Auch hier gilt: jeder muss seine eigenen Erfahrungen machen. (vgl. dazu auch → Elastoplast) 2. Die Erfahrung lehrt, dass der angenehmste Bodenbelag für den Wanderer ein Wald- oder Feldweg, der unangenehmste ein unregelmäßiges P. ist, erst recht, wenn es aus unebenen Kieselsteinen gefertigt ist. Das wirkt wie eine zusätzliche Buße für den (sündigen?) → Pilger. Erst recht dann, wenn er bereits eine Anzahl anderer P. an den Füßen hat. Wenn es geht, sollte der Wanderer P. in jeglicher Erscheinungsform zu meiden suchen.

Pilger, der; menschliches Wesen, das sich aus bekannten Gründen oder unbewusst auf den → Weg zu einem

Ziel macht. Oft sind die Ziele Orte, die mit besonderen Menschen oder herausragenden Ereignissen in Verbindung stehen. Bekannte Pilgerziele der Christenheit sind etwa Jerusalem, Rom oder Santiago de Compostela. Die Marienwallfahrtsorte Lourdes, Fatima, Mariazell oder Kevelaer haben einen anderen Charakter, erst recht Ziele wie Fußballstadien oder Konzertarenen. Immer aber bieten diese Orte denen, die dorthin „pilgern", eine Überhöhung ihres Alltags, vermitteln durch die ihnen eigene Aura die Möglichkeit, sich dem Alltag ein Stück weit zu entziehen und Kraft zu schöpfen für das Leben danach. Der P. hat eine Verwandlung hinter sich: War er zuvor vielleicht der sportliche → Wanderer, so kann er unter dem Einfluss des Weges, der Landschaft und der ihm begegnenden anderen Menschen zu einem P. werden, der sich öffnet für Erfahrungen, die ihm neue Dimensionen bieten, die ihn nachdenken lassen über bisherige Lebensvollzüge und Verhaltensweisen. Wenn er Glück hat, wird er gelassener in seinen Alltag zurückkehren, weil er weiß, was wichtig ist, weil er gelernt hat, mit wie wenig Dingen jeder auskommen kann – wenn er will, erst recht, wenn er muss. Und das gilt auch für Pilgerinnen ... Im Mittelalter gab es auch → Ersatzp., die stellvertretend für den P. auf die → Wallfahrt gingen, der wegen eines bestimmten Vergehens dazu verpflichtet, aber warum auch immer verhindert war.

Pilgerausweis, der; Dokument, das unterschiedlichen Stellenwert besitzt. Einmal ist der P. der Berechtigungsnachweis – vor allem in den spanischen → Refugios –, um dort gegen eine Spende (sehr preiswert) übernachten zu können. Er ist zudem der durch → Stempel erbrachte Nachweis, dass der Pilger die letzten 100 Kilometer bis Santiago de Compostela zu Fuß oder zu Pferd bewältigt hat. (Bei Radfahrern sind 200 Kilometer die Grenze.) Dann erhält er am Ziel die → Compostela. Wenn man so will, sammelt der P. die Trophäen des Tages, um so zur Trophäe der gesamten Pilgerschaft zu kommen – dekorativ durch die unterschiedlich gestalteten Stempel bringt er für den Außenstehenden und die Daheimgebliebenen den äußeren Nachweis der zurückgelegten Wegstrecke. Dem Pilger selber ist der P. am Ende nicht so wichtig, hat doch die Strecke, haben die Menschen ihm und seinem Herzen Stempel aufgedrückt, die er so schnell nicht vergessen kann, vielleicht auch nicht vergessen will. In Deutschland erhält man den P. bei allen Jakobusgesellschaften; Adressen finden sich im Anhang.

Pilgerbüro, das; nach dem Besuch der Kathedrale in Santiago de Compostela der nächste Anlaufpunkt in der Rua do Vilar. Hier erhält der → Pilger gegen Nachweis aus seinem → Pilgerausweis die Urkunde, die „Compostela" des Domkapitels, dass er in Santiago angekommen ist. Diese in lateinischer Sprache abgefasste Urkunde führt auch den Namen des Pilgers an, den Vornamen in lateinischer Sprache. Das führt zu gelegentlich kuriosen Wortschöpfungen, vor allem bei modernen Vornamen. Im Flur des Pilgerbüros sind die nun nicht mehr gebrauchten Pilgerstäbe abgelegt – wie das Mikadospiel eines Riesen.

Pilgerlieder; über die Jahrhunderte wurden in den verschiedenen Herkunftsländern der → Pilger zahlreiche P. gedichtet und komponiert. Das wohl bekannteste ist „Frère Jacques, frère Jacques, dormez vous, dormez vous? Sonnez les matinez, sonnez les matinez, din din dou, din din dou – Bruder Jakob, Bruder Jakob, schläfst du noch, schläfst du noch? Läutet doch zur Mette, läutet doch zur Mette, ding deng dong, ding, deng dong – Are you sleeping, are you sleeping, brother Jack, brother Jack? Morning bells are ringing, morning bells are ringing, ding dong deng, ding dong deng." In mehreren Sprachen wird es heute noch in den Kindergärten – fortgeschritten sogar als mehrsprachiger und mehrstimmiger Kanon – gesungen, ohne dass die meisten diese Herkunft ahnen. Zu den ältesten Pilgerliedern gehören wohl die alttestamentlichen Psalmen wie etwa Psalm 122: „Voll Freude war ich, als sie mir sagten, zum Hause des Herrn wollen wir pilgern ..." Aus den deutschen Kirchenliedern ist erinnerlich „Wir sind nur Gast auf Erden und pilgern ohne Ruh' mit mancherlei Beschwerden der ewigen Heimat zu."

Pilgermesse, die; P. gibt es verschiedene und jede ist für den → Pilger von unterschiedlicher Bedeutung. Es kann die Messe am Start sein, etwa in Le Puy in der Frühe, ehe man dann gemeinsam aufbricht und die Stadt verlässt. Es kann die P. an einzelnen Etappenorten geben. Oder schließlich „die" P. in Santiago an jedem Tag um 12.00 Uhr mittags in der Kathedrale. Der fromme Pilger allerdings sollte gewappnet sein, dass in

Spanien die Eucharistiefeiern in einer atemberauben-
den Schnelligkeit gefeiert werden, die kaum Zeit lässt,
die Gläubigen in das Geschehen am Altar einzubezie-
hen. Hinzu kommt besonders in der Kathedrale die stän-
dige Unruhe in den Seitenschiffen durch Touristen sowie Schulklassen, die das Bauwerk besichtigen, ohne
Rücksicht auf die Beter zu nehmen. Wie an anderer Stelle so vergibt die Kirche auch hier die Möglichkeit, mit
den religiös aufgeschlossenen Pilgern – und manche
sind es erst während der Tage auf dem → Camino geworden – ins Gespräch zu kommen und deren Bedürfnis nach angemessener Ansprache gerecht zu werden.
Ein Anfang wäre schon gemacht, wenn während der
Pilgermesse die Kathedrale für touristische Besucher
gesperrt würde, um die Atmosphäre einer Bahnhofs-
halle zu verhindern. In anderen berühmten Kirchen ist
das auch möglich.

Pilgern, das; der überwiegend religiös motivierte
freiwillige → Aufbruch zu einem selbstgewählten →
Ziel. Nicht auszuschließen ist, dass ein zunächst sportlich motivierter Aufbruch sich im Laufe des → Weges
vom → Wandern und → Marschieren zum P. wandelt.
Die Langsamkeit der Fortbewegung gepaart mit der
körperlichen Anstrengung kann das Nachdenken über
das eigene Leben erleichtern. Dies kann zudem Probleme des Alltags schärfer herausarbeiten und im Gespräch mit anderen Lösungsmöglichkeiten aufzeigen.
Wie von selbst können sich dem, der dafür offen ist,
auch neue religiöse Erfahrungen bieten, die ihn fröm-

mer nach Hause zurückkehren lassen als er gestartet ist. Im Mittelalter wurde bei bestimmten Vergehen wie Ehebruch, Brandstiftung oder Totschlag als Buße ein Strafp. verhängt. Dies hatte durchaus auch therapeutische Wirkung, wurde der Täter doch eine Zeitlang der heimischen Umgebung entzogen und konnte so für seine Tat Sühne leisten. Für eine Bluttat wurde er sogar mit Ketten gefesselt oder mit Steinen belastet und so zusätzlich beschwert auf die Pilgerreise geschickt.

Pilgerstab, der; traditionell gehört der P. zur Ausrüstung wie Tasche (→ Rucksack), → Kalebasse (→ Flasche) und → Muschel. Die Meinungen gehen auseinander: Die einen schwören auf den P., weil er – richtig eingesetzt – die Gelenke entlastet. Manche gehen gar mit zwei P. und finden so ihren Rhythmus. Andere nehmen einen mit, um sich damit vor den freilaufenden, manchmal bedrohlichen → Hunden zu schützen. Einige nutzen handgeschnitzte grobe Holzstäbe, andere bevorzugen moderne Teleskopstäbe, die sich auf die jeweilige Körpergröße einstellen lassen und wenig Gewicht mitbringen. Am Ende muss jeder für sich entscheiden, ob er mit einem P. zurechtkommt und welche Form er für sich aussucht.

Planung, die; zur richtigen → Vorbereitung gehört die P. Sie ist abhängig von der gewählten Wegstrecke und kann für den spanischen → Weg sicher kürzer ausfallen als für Strecken, die weniger gut gekennzeichnet sind. Zuweilen stellt sich auch vor Ort heraus, dass die zu Hause angestellten Überlegungen Faktoren wie etwa das → Profil der Landschaft nicht ausreichend in die P. mit einbezogen haben. Die P. sollte sich allerdings nicht nur auf die Streckenführung beschränken, sondern auch die Möglichkeiten der Versorgung sowie der Lage der Unterkünfte mit einbeziehen.

Plastiktüte, die; einerseits wichtiges Hilfsmittel zum trockenen und staubfreien Verpacken des Rucksackinhalts in kleineren Einheiten, andererseits völlig energiefreier Wecker, wenn frühmorgens die ersten Pilger aufbrechen und das Rascheln der P. die → Träume zerstört und an die harte Wirklichkeit erinnert.

Post, die; Möglichkeit der Kontaktaufnahme mit Familien und Freunden, Gelegenheit, überflüssiges Gepäck zurückzuschicken, bei längeren Streckenabschnitten auch die Chance, bis dorthin nicht benötigtes Material postlagernd vorauszuschicken.

Profil, das; das P. der → Landschaft wird gelegentlich zu wenig bei der → Planung berücksichtigt, in der leicht lediglich die Entfernungskilometer gesehen werden. So reizvoll sich das P. der Landschaft auch dem Betrachter darstellt, für den → Wanderer ist sie eine Herausforderung, wie auch immer es auf- und/oder abwärts geht. Und erst recht, wenn es gar kein P. gibt, wie etwa die → Meseta.

Quelle, die; an eine frische Qu. gelangt der → Pilger eher selten. Gelegentlich sprudeln → Brunnen am Wegesrand, vor allem in Nordspanien, aus denen sich die → Wanderer problemlos bedienen können. So wichtig eine solche Qu. vor allem an heißen Tagen und bei langen → Etappen ist – wichtiger erscheint der → Weg selbst als Qu. von Kraft und Inspiration nach Abschluss der Pilgerreise. Vielfältige Erinnerungen und Erfahrungen begleiten den Pilger in den Alltag und helfen ihm, die so ganz anders gelagerten Herausforderungen dort mit mehr → Gelassenheit zu bestehen. Dabei lassen eigene und fremde Fotos sowie Reiseberichte anderer Pilger diese Qu. immer wieder neu sprudeln.

Queimada; diesem galicischen Getränk wohnt etwas Mythisches inne, was nicht zuletzt mit seiner spektakulären Art der Zubereitung zusammenhängen dürfte. Die Zutaten sind eher profan: hochprozentiger Aguardiente (oder Trester oder Grappa), Zitronenscheiben und Kaffeebohnen. In einer etwa dreißigminütigen Zeremonie wird diese Mischung bei hochzüngelnder blauer Flamme gebrannt und dann rasch – sobald das Gebräu erkaltet ist – getrunken.

Rast, die; die R. ist die kleine Ankunft zwischendurch, das Innehalten nach einem anstrengenden → Auf- oder → Abstieg, der bewusst gewählte Zwischenstopp, der nicht der Orientierung auf der → Karte dient, sondern der Erholung von Körper und Seele. Muße gehört zur R. mehr als zur → Pause. Die R. hat zunächst keine Funktion, sie ist um ihrer selbst da, auch wenn der → Pilger hier neue Kraft schöpft für die nächsten Stunden.

Refugio, der; Ziel eines jeden Tages mit dem Wunsch des → Wanderers, ein Bett zu finden, die müden Glieder auszustrecken (wenn es ausreichend lang gebaut ist) sowie Körper und Kleidung zu → waschen. Die R. sind unterschiedlich verwaltet, mal von der Kirchengemeinde, mal von den Kommune. Je nachdem, ob und wie intensiv sich jemand verantwortlich fühlt, sind die R. gepflegt. Im günstigsten Fall ist eine → Hospitalera oder ein Hospitalero vor Ort, die/der für ein Mindestmaß an Disziplin sorgt bei Respekt vor den Selbstorganisationskünsten der Gäste. In den Hochzeiten der Pilgerschaft sind viele R. schnell überfüllt. Als Ausweichquartiere dienen dann → Zelte oder die ortsansässigen → Hostals. In der Regel wird ein → Donativo erwartet.

Zugang hat nur der, der einen gültigen → Pilgerausweis besitzt. Meist müssen Radpilger warten, bis alle Fußpilger im Quartier sind. In Galicien haben viele R. auch Unterstellplätze für Pferde.

Regen, der; selten erfrischende, meist nervende und die Wanderung erschwerende kostenfreie Feuchtigkeitsspende. Besonders bei lehmigem Untergrund ist R.-wetter geradezu eine Zumutung, wenn dicke lehmige Erdklumpen sich an den Schuhen festsaugen und alle paar Schritte abgekratzt werden müssen. Spätestens dann kann der → Pilger nur noch die Flucht auf die → Straße antreten. Die Pilgerromantik ist nämlich spätestens dann vorbei und die geteerte Straße vorübergehend eine Wohltat.

Regenschutz, der; es gibt mehrere Philosophien, den R. betreffend. Während die einen auf den Poncho schwören, der Körper und → Rucksack vor dem → Regen schützt, lassen sich andere nass regnen und schützen nur den Rucksack mit einem eigenen Überzug. In der Mischform zieht sich der → Pilger eine Regenjacke an und schützt eigens den Rucksack. Hintergrund der divergierenden Philosophien ist die Erfahrung, dass in jedem Fall auch die Kleidung nass wird – wenn nicht vom Regen, dann vom → Schwitzen unter dem R. Auch hier wird am Ende jeder seine eigenen Erfahrungen machen und sich entscheiden müssen.

Reißverschluss, der; neben den → Plastiktüten
sorgt der auf- und zuratschende R. für die Geräusch-
kulisse am Morgen. Unerlässlich für den sicheren
Transport des Gepäcks ist seine Geräuschentwicklung
hingegen durchaus entbehrlich, wie auch so manch anderes im Leben. Aber auch der → Pilger weiß: Das Leben kann manchmal ganz schön hart sein.

Rituale, die; wie auch an anderer Stelle im Leben erleichtern gewisse R. das Leben des → Pilgers. R. sind
automatisierte Handlungen. Je länger der Pilger unterwegs ist, desto mehr neigt er zu solchen R. Ohne viel
nachzudenken belegt er abends sein → Bett mit dem
ausgerollten → Schlafsack, stellt die → Schuhe zum
→ Trocknen auf, wäscht seine Kleidung und sich selbst.
Zum Nachdenken kommt er erst dann, wenn er sich auf
dem Bett ausstreckt. Ähnlich ist es am Morgen: Das
Verstauen der Utensilien im → Rucksack und die Körperpflege, das Schnüren der Schuhe und der kontrol-
lierende Blick unter das Bett, ob auch nichts liegen geblieben ist. Schon nach wenigen Tagen bemerkt der
Pilger eine Routine in diesen Abläufen, die auch eine
gewisse Sicherheit gibt.

Rucksack, der; neben den → Schuhen zweites wichtiges „Handwerkszeug" des → Pilgers. In ihm schleppt
er über Wochen seinen gesamten Hausstand. Der R.
sollte so dimensioniert sein, dass das → Gewicht zum
größeren Teil auf den Hüften getragen wird und so die
Schultern entlastet. Er sollte unbedingt unter „Ernst-

fallbedingungen" während der → Vorbereitung erprobt und „eingetragen" werden. In der Regel reicht ein mögliches Volumen von 45 Litern. Dies erzieht dazu, Überflüssiges – „weil doch noch Platz ist" – erst gar nicht einzupacken. Hilfreich ist außen eine kleine → Wäscheleine, an der Wäsche während der Wanderung getrocknet werden kann.

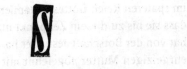

Salbe, die; in der Regel schmerzlindernde und entzündungshemmende Substanz, die nach regelmäßigem Auftrag Linderung von Schmerzen bringt. Es empfiehlt sich, eine möglichst vielseitig verwendbare S. einzupacken (Gewichtsreduzierung!) und sich bei Gelegenheit von einem Arzt beraten zu lassen. Dabei unberücksichtigt ist die → Sonnenschutzcreme.

Salome; Frau des → Zebedäus und Mutter von → Jakobus dem Älteren und Johannes, dem Lieblingsjünger Jesu und Autor des Johannesevangeliums. Sie zählt zu den wohl wichtigsten Frauen im Umkreis Jesu, was allerdings erst nach dessen Tod deutlich wird: So war sie eine der Frauen, die unter dem Kreuz standen. Und der Evangelist Markus beschreibt sie als eine der Frauen, die mit wohlriechenden Ölen zum Grab gingen, um den Leichnam zu salben. Sie fanden das Grab aber leer. Von einem → Engel wurde ihnen aufgetragen, den Jüngern zu sagen, dass sie ihren Herrn in Galiläa wieder treffen könnten. So gehört S. zu den Frauen, die die Auferstehung Jesu verkündeten. (Mk 15–16) Im Neuen Testament fällt S. aber auch unangenehm deshalb auf, weil sie für ihre Söhne einen besonderen Platz im späteren Reich Gottes reklamiert – und damit zeigt, dass sie bis zu diesem Zeitpunkt nur wenig verstanden hat von der Botschaft Jesu. Der hatte das Ansinnen der ehrgeizigen Mutter abgelehnt mit dem Hinweis, dass eine solche „Platzvergabe" seinem Vater vorbehalten sei. Jesus schlichtet zudem den aufkommenden Streit zwischen den Brüdern und den übrigen zehn Aposteln mit dem bekannten Wort: „Wer unter euch groß sein will, sei euer Diener, und wer unter euch der erste sein will, der sei euer Knecht." (Mt 20, 26f) Im Übrigen wird dieses Bibelzitat auf dem → Camino wie von selbst in die Wirklichkeit umgesetzt, gelten doch weder sozialer Rang noch Alter, noch Beredsamkeit. Alles, was zählt, ist der Geist der Kameradschaft und das Ringen um das gemeinsame → Ziel.

Schatten, der;
oft herbeigesehnt auf den sonnendurchflutenden Ebenen. Meist nur im → Wald anzutreffen. Selbst diejenigen, die ansonsten die → Sonne mögen, suchen die kleinste Möglichkeit des Sch. Der Sch., den der → Pilger selbst wirft, ist gleichfalls willkommen, weil er wie ein → Kompass die Himmelsrichtung angibt und so ein → Verlaufen verhindern kann – vorausgesetzt, die Sonne scheint.

Schere, die;
sollte nicht fehlen. Und sie sollte ausreichend scharf sein, wenn es gilt, aufgeplatzte Blasen zu behandeln. Dazu empfiehlt es sich aus Gründen der Hygiene, sie zu Hause gut zu säubern und dann zum Schutz in eine Art Hülle zu stecken.

Schlafen, das; längste → Pause des Tages, am besten in einem nicht zu weichen → Bett und weit entfernt genug von → Schnarchern. Aus Erfahrung ist bekannt, dass der → Pilger trotz der Anstrengungen tagsüber verhältnismäßig wenig Schlaf benötigt. Vermutlich hindert daran der vermehrte Ausstoß an Nebennierenhormonen. Wer mag und kann, wird auch tagsüber an einem Schattenplatz eine Schlafpause einlegen.

Schlafsack, der; unentbehrliches Hilfsmittel, hat man sich nicht vorher entschlossen, ausschließlich in → Hotels zu übernachten. Zwar gibt es gelegentlich Unterkünfte, in denen es auch Zudecken gibt. Die hygienischen Zustände lassen aber die Mitnahme eines Sch. empfehlenswert erscheinen. Er sollte nach Möglichkeit die Temperaturen der geplanten Wanderzeit abdecken, leicht sein und wenig Volumen mitbringen. Eine Investition, die sich lohnt. Wer mag, kann zusätzlich einen Innenschlafsack aus Seide (ca. 130 gr) mitnehmen, was den Schlafkomfort nahezu perfekt macht.

Schnarchen, das; Schnarcher/in, der/die; medizinisch erklärbar, im Alltag der Nacht allerdings oft äußerst unangenehm störend, wenn man nicht selber zur Fraktion der Sch. zählt. Willkürlich einsetzendes Atemgeräusch, das teils melodisch ambitioniert, teils stoßartig das Ein- und Ausatmen unterstreicht. Abhilfe gelingt 1. durch mehrmaliges Zuhalten der Nase und Wechseln der Liegeposition sowie 2. durch Isolierung der Schnarcher in separaten Zimmern. Radikal nur lös-

bar durch das Meiden der Gemeinschaftssäle in den →
Refugien und buchen eines Hotelzimmers, preiswerte
Notlösung das Einsetzen von → Ohrstöpseln.

Schrittzähler, der; kleines digitales Wunderwerk,
das nicht nur die Schritte zählt, sondern auch in Kilometer umrechnet. Nebenbei gibt es auch die Anzahl der
zusätzlich verbrannten Kalorien an. Kann hilfreich sein,
wenn man abseits der Straßen(kilometerangaben) einen Überblick behalten möchte, an welchem Punkt man
sich innerhalb einer → Etappe befindet. Der Sch. kann
nur Hilfsmittel bleiben, darf nicht zum Diktator über
das eigene Leistungsvermögen werden.

Schuhe, die; wichtiges „Handwerkszeug" des → Pilgers. Jeder hat seine Vorlieben und Erfahrungen. Manche gehen in Sandalen, andere in Turnschuhen. Der Erfahrung nach sollten die Sch. den Knöchel bedecken,
um dem unweigerlich gelegentlich umknickenden Fuß
zusätzlichen Halt zu geben und sie sollten eine gute
Profilsohle haben, um im Gelände nicht abzurutschen.
Und sie sollten vor allem sehr gut eingelaufen sein. Ein
guter Berater wird zudem empfehlen, die Sch. etwa eine Nummer größer zu wählen als die normalen Schuhe, da die Füße während der Wanderung wachsen –
nicht nur wegen der gelegentlichen → Blasen. Wenn
dies alles zutrifft, dann ist es gleich, aus welchem Material die Sch. gefertigt sind. Ob Leder oder Goretex
oder eine Mischung, der Pilger sollte sich in ihnen
wohlfühlen. Und immer daran denken, sie abends als

erstes zum → Trocknen in die → Sonne (wenn möglich) zu stellen. Denn es ist immer wieder erstaunlich, wie viel → Wasser sich in den Sch. sammelt. Und das auch dann, wenn die Luft draußen staubtrocken ist.

Schuster, der; Helfer in der Not, wenn die → Schuhe ihren Dienst nicht mehr einwandfrei erfüllen. Vorzug der kleinen Handwerksbetriebe ist, dass sich der Meister große Mühe gibt, den Fehler zu beheben, stolz ist, einem Jakobspilger helfen zu können, und vor allem ein ungeahntes Improvisationstalent entwickelt, auch schwierige Probleme zur Zufriedenheit aller zu lösen. Besser ist allerdings, das Schuhwerk ist in einem solchen Zustand, dass man die Hilfe eines Sch. nicht bedarf.

Schweinehund, der; wie ein siamesischer Zwilling steckt er in jedem → Pilger. Geschickt schleicht er sich in die Gedanken ein, lockt mit vagen Versprechungen, sät → Zweifel und verstärkt Beschwerden. Der innere Sch. ist hartnäckig und lässt sich nur durch stures Ignorieren bekämpfen. Erst wer ihn besiegt hat, erkennt die Haltlosigkeit dessen, was er langsam, aber stetig in die Gedanken tröpfelt, die maßlosen Übertreibungen, die leeren Versprechen und die angeblichen Beschwerden. Oft hilft im Kampf mit dem Schw. auch das Wort eines Freundes oder das überraschende Auftauchen einer → Bar.

Schweißtuch, das; es bleibt nicht aus, dass der Wanderer schwitzt. Der salzige Schweiß rinnt über die Stirn in die Augen, von der Nasenspitze tropft er auf den Boden, an den Armen entlang bahnt er sich seinen Weg nach unten. Ein Sch. kann da vorzügliche Hilfe leisten. Erst recht, wenn es mit ein paar Tropfen vom Parfüm des oder der Liebsten beträufelt ist. Dann fühlt sich der → Pilger wie ein mittelalterlicher Minnesänger, der um die Gunst der Holden buhlt. Diese Erinnerung verblasst naturgemäß schon nach kurzzeitigem Gebrauch. Aber sie kann gerade in den schweren ersten Stunden auf dem → Weg Erleichterung verschaffen. Im Übrigen kann auch das Sch. in das abendliche → Waschen einbezogen werden und so durch eigene Frische für die Frische des Wanderers sorgen.

Schwitzen, das; physikalisch ist es leicht nachvollziehbar: Dadurch, dass der Körper → Wasser durch Sch. ausscheidet, schützt er sich vor Überhitzung. Die durch diesen Vorgang entstehende Verdunstungskälte kühlt – glaubt der → Pilger dem Physiker. Je nach Anstrengung und Klima sch. er mehr oder weniger. Wie auch immer – das Sch. ist eine durch und durch gesunde Reaktion des Körpers, jedenfalls so lange, wie der Flüssigkeitsverlust durch → Trinken ausgeglichen wird. (Vgl. auch → Durchlauferhitzer.)

Segen, der; es gibt einen speziellen Pilgers. Er soll den Beistand Gottes auf dem → Weg besiegeln. Gemeinhin erhält ihn der → Pilger vor dem Aufbruch, etwa um 7.00 Uhr während der Pilgermesse in Le Puy oder am Abend im Kloster von Roncesvalles. Eine schöne Formulierung bietet dieser Segen nach Psalm 139 aus dem „Loccumer Brevier": „Gott ist hinter mir, denn von ihm komme ich, und er ist mir Rückhalt und Kraft, die mich stützt. – Gott ist vor mir, denn von ihm kommt unablässig der Strom der Gaben und Aufgaben auf mich zu, zumal in den Menschen, die mir begegnen. Und zu ihm bin ich immer unterwegs; auf ihn gehe ich zu. – Gott ist unter mir, denn er trägt mich im Dasein. Ohne ihn würde ich im Nichts versinken. – Gott ist über mir; er sieht mich und lenkt mich und lässt mich den rechten Weg finden. – Gott ist rings um mich, denn ich komme mit meinen Fehlern zu ihm. Dann umarmt er mich wie der Vater den verlorenen Sohn und hält mich fest umfangen. – Gott ist in mir. Er gibt mir Freude und Frieden in mein Inneres, Liebe und Geduld, Vertrauen und eine große Erwartung." Inzwischen wird der S. auch in einer Reihe deutscher Kirchen wie in Würzburg, Miltenberg, Memmingen oder Freiburg im Breisgau gespendet.

Sexualität, die; S. in der herkömmlichen Form scheint auf dem Pilgerweg ausgeklammert. Dem Zusammensein von Männern und Frauen fehlt die erotische Spannung angesichts der körperlichen Anstrengungen tagsüber. Zudem weiß jeder am Abend, was er selbst und alle anderen geleistet haben, jeder und jede auf seine und ihre Weise. Die im Alltag sonst leicht aufkeimende Rivalität und das dort oft unvermeidliche Balzverhalten fehlen auf dem → Camino (und auch meist die passende Gelegenheit). Das mag bei Paaren, die sich auf den Weg machen, anders sein. Und der eine oder die andere mögen andere Erfahrungen machen. Der außenstehende Single aber erlebt den Camino meist als Oase in einer ansonsten sexualisierten Umwelt. (Vgl. → Erotik, → Kurven.)

Socken, die; die Auswahl der S. muss mit besonderer Vorsicht erfolgen. Vor allem sollte der Wanderer vor dem Start erproben, ob er besser mit dicken oder dünnen S. zurechtkommt. Ganz wichtig: S. vor dem ersten Tragen mehrfach waschen, damit sie durchgehend verfilzen. Frische S. führen unvermeidlich zu → Blasen und anderen Beschwerden. Die Erfahrung lehrt, dass es auch wichtig ist, vor dem Überstreifen sicher zu stellen, dass man nicht irrtümlich die Außenseite innen trägt. Auch dies kann (völlig unnötig) sehr schmerzhaft werden. Dieses Vorgehen erleichtern S., die rechts und links durch Aufdruck angeben. Zwei gegensätzliche Thesen gibt es, was das Wechseln der S. angeht: Die einen ziehen während der gesamten Tour immer dieselben S. an denselben Fuß. Andere waschen sie jeden Abend in der Hoffnung, sie bis zum nächsten Morgen wieder → trocknen zu können. Das führt dann zu der Idee, zu diesem Zweck einen → Föhn mitzunehmen.

Sonne, die; begehrt, wenn es in Strömen regnet, verflucht, wenn sie auf die → Pilger brennt. Unvergesslich, wenn sie sich am Morgen den Weg durch Dunst und Nebel bahnt, wenn sie am Abend wie ein Feuerball hinter Bergen verschwindet. Sie fördert durch ihr bloßes Vorhandensein am wolkenlosen Himmel die Stimmung, macht fröhlich und lässt die → Etappe leichter angehen – auch wenn dadurch der Trinkwasserverbrauch spürbar steigt.

Sonnenschutz, der; unerlässlich, weil die UV-Strahlung auch dann intensiv ist, wenn die → Sonne vorübergehend hinter → Wolken versteckt ist. Der S. sollte auch tagsüber gelegentlich erneuert werden, um unangenehmem Sonnenbrand vorzubeugen. Nicht vergessen: die Ohren müssen eingecremt werden. Und in Spanien sollte man besonders auf die linke Körperhälfte achten, weil die der → Sonne (der Weg führt immer westwärts) ganz besonders ausgesetzt ist.

Spontanheilung, die; das nicht rational zu erklärende Verschwinden von Beschwerden – meist an den Gliedmaßen – über Nacht. Der → Wanderer geht abends zu Bett in dem festen Glauben, am nächsten Morgen keinen weiteren Schritt mehr schmerzfrei gehen zu können. Da in diesem Fall nur noch → Beten hilft, schickt er ein Stoßgebet zum hl. → Jakobus als dem Beschützer aller → Pilger. Es wird sicher nicht schaden und vielleicht sogar nützen ... Und am nächsten Morgen erwacht er, völlig schmerz- und beschwerdefrei und glaubt, er habe alles nur geträumt.

Sprache, die; der → Pilger kann Santiago de Compostela erreichen, ohne die Sp. der Länder sprechen zu können, die er durchwandert. Die gängige Sp. der Pilger untereinander ist gemeinhin Englisch, die mit den Einheimischen beschränkt sich auf einzelne Floskeln Französisch oder Spanisch, im Wesentlichen aber auf Gestik und Mimik. Und es ist immer wieder erstaunlich, wie leicht man dann ans → Ziel kommt. Dass dann gelegentlich der Kirschkuchen hinter der Thekenscheibe sich als herzhafte Spezialität der Region mit Speckwürfeln herausstellt, muss in Kauf genommen werden. Bedauerlicher ist, dass es bei mangelhafter und ungenügender Sprachkenntnis nicht zu einem wirklichen Austausch mit den Gastgebern kommen kann. Wer also Zeit und Muße hat, sich zumindest ein wenig die fremde Sprache anzueignen, der wird mit viel Herzlichkeit des Gegenübers belohnt – die auch das unbeholfene Geholpere in den fremden Vokabeln großzügig übersieht.

Sprüche, die; Lebensweisheiten, die den Pilger aufmuntern und ihm eine Perspektive geben, wenn er zu verzagen droht. Beispiele: Es kommt wie es kommt – Es ist noch immer gut gegangen – Was du heute nicht läufst, das läuft dir auch morgen nicht davon – Wechsle nie die Socken, aber abends immer den Wein – Wenn's regnet, regnet's, wenn die Sonne scheint, scheint die Sonne, ändern kannst du eh' nix – Was du brauchst, wird kommen – Wat willste da maache? – Wir stoßen auf und brechen ins Horn – e ultreia, weiter und voran – e suseia, aufwärts.

St. Jakobus; → Jakobus

Statistik, die; Zahlenwerk, mit dessen Hilfe Entscheidungen vorbereitet werden können. Hier werden systematisch → Pilger nach bestimmten Kategorien wie Geschlecht, Herkunftsland oder → Motivation zueinander in Beziehung gebracht. Die Gesamtzahl der Pilger hat sich laut offizieller St. von 5.760 Pilgern im Jahre 1989 auf 68.952 im Jahre 2002 verändert. Die St. erlaubt dann zudem Antworten auf Fragen wie: Wie unterscheiden sich im Jahre 2001 die Pilgerzahlen im Mai zu denen im Jahre 1991? (3.966 zu 382) Oder: Gehen eigentlich im April mehr als im Oktober? (2.590 zu 3.419 im Jahre 2001) Oder: Warum trifft man überall Pilger aus den Niederlanden, in der St. tauchen aber 1995 „nur" 416, 1999 schon 858 und 2002 immerhin 1.134 Niederländer auf? Da ließen sich Forschungsarbeiten daraus entwickeln ... Wer mehr Zahlen kennen lernen möchte: http://www.home.t-online.de/home/jakobus-pilger/statik.htm.

Stein, der; er stammt aus dem heimatlichen Garten oder vom Feld in der Nachbarschaft, er ist so groß wir ein Hühnerei – höchstens (wegen des zusätzlichen Gewichts). Und er begleitet den → Pilger auf seinem Weg nach Santiago de Compostela. Nach altem Brauch wird er vom Pilger rund 250 km vor dem Ziel am → Cruz de Ferro abgelegt zu den Tausenden anderer Steine, die die Vorgänger dort hinterlassen haben. Für den, der es so sehen will, ist es auch eine symbolische Geste: mit dem St. legt der Pilger auch die Sorgen, Fragen und Probleme ab, die ihn auf dem Weg bis dahin begleitet haben. Dann hat er ihn von zu Hause bis dorthin getragen, hat ihn symbolisch an seinem Alltag zuvor teilnehmen lassen. So hat der St. eine eigene Geschichte, die über eine → Zeit mit der des Pilgers verwoben ist. Wer allerdings nur einfach so einen Stein am Eisenkreuz in den Bergen ablegen will, der sollte sich beizeiten nach einem umsehen. Denn in unmittelbarer Umgebung des Steinberges unterhalb des Kreuzes ist kein Stein mehr zu finden, weil die „Vergesslichen" dieses Terrain bereits „abgegrast" haben.

Steine, die; der Wanderer kann den St. nicht entrinnen. Und oft denkt er an die Stelle in der Bibel, in der die Verheißung lautet: „Und er wird kommen und dich auf Händen tragen, damit sich dein Fuß an keinem Stein stoße." – So einen → Engel wünscht man sich gelegentlich, wenn der → Weg allzu beschwerlich wird. St. bilden in unterschiedlicher Größe und Form den Untergrund seines Weges. Sie sind am Wegesrand aufgeschichtet zu Mauern, die moosbewachsen die Felder abgrenzen, sie türmen sich zu Kapellen und Kathedralen auf, kunstvoll behauen und zu wundervollen Skulpturen gestaltet. Als kantige Kegel weisen sie den Weg.

Stempel, der; früher sammelte der Reisende St. in seinem Reisepass. Für den Santiagopilger sind St. in seinem → Pilgerausweis Nachweis für die zurückgelegte Strecke, am Ende auch die Berechtigung für die → Compostela am Zielort Santiago de Compostela. Manche Jakobusgesellschaft vor Ort setzt ihren Ehrgeiz daran, möglichst dekorative und große Stempel zu gestalten. Sie können dann zuweilen sogar eine kleine Geschichte erzählen, die im Kopf dessen entsteht, der sich diesen St. erlaufen hat. Andere sind eher einfallslos und gleichen einander sehr. So etwa die der Bürgermeisterämter in Frankreich oder die in den → Refugios in Galicien. Gerade in Spanien erhält der → Pilger den St. auch in → Bars und Museen, in Domen und Polizeistationen. Es empfiehlt sich, mit dem zur Verfügung stehenden Platz haushälterisch umzugehen, um am Ende nicht ohne verfügbaren Raum dazustehen.

Sterne, die; sie geben dem Camino als „Sternenweg" den Namen. Angeblich sollen St. über der Stelle gestanden haben, an der Bischof Libomir die Gebeine des Apostels → Jakobus gefunden haben will. Das „Sternenfeld", der „campus stellae", ist eine der Erklärungen für „Compostela". Es soll → Pilger geben, die auf dem Weg nicht einmal den nächtlichen Sternenhimmel beobachten konnten, weil sie immer schon frühzeitig im → Bett waren. (Vgl. auch → Milchstraße.)

Stock, der; wie so oft im Leben gibt es auch hier unterschiedliche Meinungen und Erfahrungen. Die einen schwören auf den Einsatz des St., weil er die Gelenke entlastet, manche nehmen gar zwei Stöcke. Andere empfinden den St-einsatz als störend. Sicher ist richtig, dass bei Begegnungen mit streunenden → Hunden der St. in der Hand hilfreich sein kann. Zumindest kann er das Gefühl vermitteln, sich tapfer wehren zu können.

Straße, die; es gibt Gegenden und Strecken, bei denen die St. die geeignetste Verbindung zwischen zwei Orten darstellt. Gründe dafür können → Regen sein, der den eigentlichen → Weg unpassierbar macht, es kann das Bedürfnis sein, streckenweise sehr schnell voranzukommen, es kann die „offizielle" Streckenführung sein, wenn die Straßenbauer die historische Wegführung übernommen haben. Es ist nicht ganz ungefährlich, die St. zu benutzen. Die sehr konzentrierte Beobachtung des entgegenkommenden Verkehrs auf größeren Straßen ist unerlässlich. Die Erfahrung lehrt, dass die entgegenkommenden Autofahrer ausweichen, so weit das möglich ist. Man sollte sich aber darauf nicht verlassen.

Sucht, die; → Virus

Tagebuch, das; die Eindrücke sind so vielfältig, dass es sich empfiehlt, zumindest stichwortartig das eine oder andere aufzuschreiben. Wegen des Gewichts sollte das T. nicht zu dick sein. Zudem kann der → Pilger darin originelle Belege sammeln oder → Adressen von Mitpilgern. Auch wenn Vieles sich erstaunlich lange im Gedächtnis speichern lässt, so kann das T. doch – nach Jahren erneut gelesen – manches wieder lebendig werden lassen, was zunächst dann doch in Vergessenheit geraten war.

Tapas, die; kleines, herzhaftes Gebäck für den kleinen Hunger zwischendurch. Wird auch in → Bars angeboten und bietet durch die Vielfalt der Beläge einen Überblick über die Kreativität der spanischen Küche. T. können warm und kalt gegessen werden.

Taschenlampe, die; in den meist unbeleuchteten Schlafzimmern in den → Refugien und → Gite ist die T. ebenso eine Hilfe wie beim frühen → Aufbruch im Morgengrauen. Und die ganz Eiligen, die sich bereits während der Nacht auf den → Weg machen, um das nächste → Bett zu sichern, bedürfen der T., um in der

Dunkelheit → Zeichen zu orten oder – im besten Fall –
Stadtpläne und Karten zu sichten. Vorsichtige denken
auch an Ersatzbatterien.

Telefon, das; technisches Hilfsmittel, den Kontakt in
die Heimat zu halten und auf dem Weg gelegentlich
den Kontakt zum nächsten Quartier zu knüpfen. Wird
inzwischen weitgehend vom → Handy abgelöst, das
größere Flexibilität und Bequemlichkeit ermöglicht.

Träumen, das; Abheben von den Beschwernissen als
kleinen Fluchten tagsüber, frei werden, frei sein, den
Alltag für Augenblicke vergessen, sich und die Probleme weg wünschen, in die neue Welt eintauchen, offen
werden für die neuen Eindrücke. T. ergänzt den Erho-
lungsschlaf in der Nacht, entführt in unbekannte Sphä-
ren, bringt Verheißungen und Tröstungen.

Training, das; wichtiger Teil der → Vorbereitung, das
vor allem die körperliche Fitness festigen und Ausdau-
erkraft aufbauen sollte. Ein sorgfältiges T. erleichtert,
die späteren Anstrengungen zu verkraften und ermöglicht vor allem eine schnellere Erholung am Abend, um
so mit neuer Kraft den Zielort zu erkunden oder die
Kommunikation mit Mitpilgern zu pflegen. Im Übrigen
erweist sich dieses Training als durchaus förderlich für
das allgemeine Wohlbefinden, besonders in bewe-
gungsarmen Berufen. Und es soll → Pilger geben, die
diese Leibesertüchtigung auch nach der Heimkehr –
völlig zweckfrei – fortsetzen.

Treppen, die; T-steigen erweist sich als überraschend entspannende Fortbewegung am Ende eines mühsamen Wandertages. Tatsächlich werden in diesem Falle die Muskeln anders oder aber andere Muskeln beansprucht. Das gilt allerdings nur für den Weg nach oben. Geht es abwärts, ist das T-steigen ähnlich mühsam und auch schmerzhaft wie der → Abstieg im Gelände.

Trocknen, das; wichtigste Verrichtung nach dem → Waschen und T. des eigenen Körpers. Denn der intensivste Waschvorgang hilft nicht, wenn die Wäsche nicht auch bis zum nächsten Morgen trocken ist. Das führt zu zuweilen kuriosen Konstruktionen, um das „Büttchen Buntes" von der letzten Feuchtigkeit, die nach intensivem Wringen noch verblieben ist, zur Verdunstung gelangen zu lassen. Hilfreich bei diesem Vorgang sind → Wäscheklammern und → Wäscheleine. Noch hilfreicher → Sonne und → Wind. Manchem Pilger soll auch ein → Föhn geholfen haben, besonders beim T. der Strümpfe.

Uhr, die; es soll Pilger geben, die kommen auf dem Camino ohne U. aus. Sie richten sich nach der → Sonne und ihrem Gefühl für → Zeit, hören auf die innere U. und zeigen so, dass sie schon ein fortgeschrittenes Stadium des Pilgerns erreicht haben. Ähnlich wie beim Erspüren der Himmelsrichtung ohne → Kompass kann auch das Fehlen der U. zur Gelassenheit beitragen. Denn anders als im Alltag abseits des → Camino können hier keine angeblich so wichtigen Termine verpasst werden. Es sei aber nicht verhehlt, dass es Mitpilger geben kann, denen gerade der Blick auf die U. die → Gelassenheit verschafft, die nötig ist, jeden Tag aufs neue ein Wegstück anzugehen.

Umweg, der; es muss nicht an einer übersehenen Markierung oder einer missverständlichen Wegbeschreibung liegen, die zu einem U. führt. Auch die Wegführung über einen Berg, der eine wunderschöne Aussicht auf die Landschaft bietet, kann als U. empfunden werden. An manchen Wegstrecken mag es auch einfacher sein, auf der Straße zu bleiben – vor allem bei Regenwetter – und so den „U." über den ausgeschilderten → Camino zu vermeiden. Oft erkennt der → Pilger erst in der Rückschau, dass ein U. durchaus auch produktiv sein kann, weil er zu sonst übersehenen oder vergessenen Bauwerken oder Naturdenkmälern führt. Oder weil er zu unverhofften und damit überraschenden Begegnungen führt.

Via de la Plata; → Pilgerweg von Sevilla über Salamanca und Zamora nach Astorga, wo er auf den → Camino francés stößt. Er ist – da von den Römern angelegt – gesäumt von zahlreichen Zeugnissen deren Baukunst. Dieser Weg wird seltener begangen, der → Pilger muss mit schwierigen äußeren Bedingungen rechnen. Andererseits bietet er aber mit der Ebene des Guadalquivir, dem Hügelland der Sierra Morena und der Extremadura äußerst reizvolle Landschaften, die für manche Anstrengung entschädigen.

Via lemovicensis; Vezelay in Burgund ist der „Start" dieses Weges. Dort sammelten sich → Pilger aus Belgien und den Ardennen, aus Lothringen, Basel, Metz und Trier. Die Kirche Sainte Madelaine, in der die Reliquien der Hl. Maria Magdalena verehrt werden, gilt als ein herausragendes Beispiel früher Gotik. Viele der Baumeister trugen ihre Kenntnisse später in Europa weiter, nicht zuletzt auf den Wegen der Jakobspilger. Bernhard von Clairvaux rief hier zum 2. Kreuzzug auf, Franz von Assisi gründete auf dem Weg nach Santiago hier ein Kloster seines Ordens. Limoges, Perigeux, Bergerac, Bazas, Roquefort und Ostabat sind die markantesten Orte dieses Weges, ehe er in St. Jean Pied de Port mit den anderen zusammenkommt.

Via podiensis; für → Pilger aus Burgund, dem nördlichen Deutschland und der Schweiz ist Le Puy en Velay das erste Ziel. Die Kathedrale mit dem Gnadenbild der schwarzen Madonna zieht sie in ihren Bann, ehe sie aufbrechen, um das etwa 1 600 Kilometer entfernte Santiago de Compostela anzusteuern. Dabei ist der Domberg von Le Puy alleine schon ein lohnendes Ziel, erst recht, wenn man sich für die verschiedenen kulturellen Einflüsse auf diese Architektur begeistern kann. Der Weg führt durch Midi-Pyrenäen auf die kargen Höhen der Aubrac-Landschaft. Aubrac, Espalion, Conques, Cahors, Moissac und Condom sind die kleinen Städte am Wege zu den Pyrenäen, die starke Akzente gesetzt haben und setzen.

Via tolosana; der südlichste der französischen Wege führt über Toulouse, was den Namen gegeben hat. Dort gab es angeblich ebenfalls Reliquien des hl. → Jakobus. Dies führte zum Streit, wer denn den „wahren Jakob" besitze. In Arles beginnend sammelt dieser Weg über Castres, Sorèze, Toulouse, Auch und Oloron Ste Marie Pilger aus Italien und dem Osten. Traditionell führt dieser Weg über den Somportpass nach Jaca und stößt dann in Puente la Reina auf den spanischen → Camino.

Via turonensis; Tours, die Wirkungsstätte des hl. Martin, des französischen Nationalheiligen, ist Namensgeber dieses Weges, der eigentlich bereits in Paris beginnt und teilweise auf alten Römerstraßen verläuft. Über Orléans, Poitiers und Bordeaux führte er die Pilger aus Aachen, Nordeuropa und Holland an die Pyrenäen. Historiker wissen zu berichten, dass schon sehr früh Spanier über die Pyrenäen kamen, um in Tours das Grab des hl. Martin aufzusuchen. Die späteren Jakobspilger nutzten also diesen bereits geprägten Pilgerweg in umgekehrter Richtung.

Virus, das; gemeinhin in der Medizin gebrauchter Fachausdruck für einen tückischen Krankheitserreger, häufig nur mit sehr starken Medikamenten (Virostatica) zu bekämpfen. Im Fall des → Pilgers im übertragenen Sinne gebrauchter Ausdruck für die Infektion mit der Idee der Pilgerschaft, des Unterwegsseins. Der Verbundenheit mit denen, die vor einem selbst auf dem → Weg waren, aber auch mit denen, die einem auf diesem Weg folgen werden. Die Symptome sind so unterschiedlich wie die Möglichkeiten, ihrer Herr zu werden. Bekannt sind Formen von „Sammeln und Jagen" aller Informationen in gedruckter, elektronischer und mündlich überlieferter Form von Berichten, Bildern, wissenschaftlichen Abhandlungen oder Zeugnissen anderer Art. Überliefert sind auch Fälle, nach denen das Erreichen des einen → Ziels lediglich der Start zu einem neuen Ziel bedeutete. Im Unterschied zu landläufigen Viren bewirkt dieser eher Glücks- denn Krankheitsgefühle, man sehnt diesen V. geradezu herbei, verspricht der Ausbruch dieser „Krankheit" doch neben Last vor allem auch Lust.

Vitamine, die; wie gut, dass es V. handlich verpackt als Sprudeltabletten in jedem Supermarkt gibt. Der → Pilger weiß nicht so recht, ob ihm ein oder zwei dieser Tabletten täglich im Laufe des Tages wirklich helfen, schaden tun sie jedenfalls nach aller Erfahrung nicht, vielmehr geben sie dem Körper doch wohl ein Teil dessen zurück, was er tagsüber verbraucht hat und das er mit der Pilgerkost nicht wieder zurückerhält. Mag sein, dass die stärkste Wirkung dadurch entsteht, dass der Pilger glaubt, er tue sich und seinem Körper etwas Gutes. Wie auch immer, die Mitnahme eines solchen Röhrchens empfiehlt sich allemal, zumal der Rucksack mit jeder eingenommenen Tablette leichter wird ...

Vögel, die; wer auf den Walkman verzichtet, ist auf die Musikbegleitung durch die V. angewiesen. Dabei sind sicher lokalisier- und identifizierbar nur der → Kuckuck sowie die über den Feldern unermüdlich tirilierende Lerche. Gelegentlich kann man im Wald den Specht klopfen hören. Und in der Eifel klangen aus einem hohlen Baumstamm die zarten Stimmen gerade ausgeschlüpfter namenloser V., die auf die Heimkehr der Eltern warteten. Schließlich gibt es die majestätisch durch die Luft gleitenden Raubv. Der Mäusebussard beispielsweise, der die Erde fest im Auge behält und sich doch immer weiter von ihr entfernt. Er ist so etwas wie das Vorbild für den → Pilger, der sich gleichfalls immer weiter von seinem Alltag entfernt und dennoch weiß, dass er in ihn zurückkehren muss.

Vorbereitung, die; ohne V. geht es nicht. Das beginnt mit der frühzeitigen Terminplanung, der Wahl der Partner sowie der Verkehrsmittel zum Start, die Zusammenstellung der Ausrüstung bis hin zum Einlaufen von → Schuhen und → Socken sowie der Erprobung des → Rucksacks. Aus der Erfahrung empfiehlt es sich, vor dem → Aufbruch auch eine gewisse → Kondition aufzubauen. Die Anstrengung zu Hause macht sich später auf dem → Weg bezahlt, weil dann die Tagesetappen leichter fallen und die → Zeit der Regeneration kürzer ist. Das schafft dann wieder Spielraum, um am frühen Abend noch ein paar Schritte zu gehen, den Übernachtungsort etwas kennen zu lernen oder mit Pilgerfreunden ein Restaurant aufzusuchen. Zur V. gehört auch eine gewisse Basislektüre, zumindest das Studium der einschlägigen Karten. Hierbei hilft ungemein das Angebot von Manfred Zentgraf, der in Volkach eine Versandbuchhandlung für alles unterhält, was gedruckt zum Jakobsweg in Geschichte und Gegenwart erschienen ist – In den Böden 38, 97332 Volkach, Telefon (0 93 81) 44 92, Telefax (0 93 81) 62 60, www.jakobspilgerwege.de – Doch gewiss ist auch, dass sich die Beschreibung von Pilgererlebnissen anders liest, wenn man selber auf dem Weg war. Und erstaunlich, dass so viele so ganz ähnliche Erfahrungen machen, obwohl sie voneinander nichts wussten.

Vorfreude, die; die V. stellt sich erst langsam ein, um dann bis zum endgültigen Start zu wachsen. Wer in Jahresetappen geht, kann sich immer wieder neu auf die Abenteuer freuen, die ihn erwarten. Trotz der angesammelten Erfahrung wird er immer wieder auf Unbekanntes stoßen und neue Herausforderungen bewältigen müssen. An der V. werden auch die Familie sowie Partner teilhaben, auch wenn sie manche Symptome in der „heißen" Phase nicht sofort deuten können. Auch da sammelt sich Erfahrung.

Vorrat, der; auch wenn er schwer zu tragen ist, ist ein V. an Verpflegung in flüssiger wie fester Form unabdingbar. Vor allem bei den großen Distanzen in Frankreich in Gebieten mit wenig Infrastruktur kann es notwendig sein, drei volle → Wasserflaschen und → Baguette, → Käse und Schokolade mitzuschleppen, will man nicht unliebsame Überraschungen wegen geschlossener Läden oder unüberwindbarem Hunger und Durst erleiden. Als → Notproviant empfehlen sich zusätzlich einige Müsliriegel sowie ein oder zwei Tafeln Schokolade.

Wald, der; Ansammlungen von Bäumen gleicher oder unterschiedlicher Sorte. Der → Pilger begegnet ganz unterschiedlichen Formen des W. So etwa im französischen Morvan Eichen- und Buchenwäldern. Oder dem Forret noir, in den wegen des dichten Baumbestandes kein Sonnenlicht auf den Waldboden dringt, sehr wohl aber jede Menge Regenwasser. In Galicien später sind es frisch aufgeforstete Eukalyptuswälder, die etwas fremd in dieser Landschaft erscheinen. Der W. hat den großen Vorteil, dass er nicht nur den Füßen Entspannung wegen des meist weichen Bodens bietet, sondern auch → Schatten schafft und so im Hochsommer wohltuende Kühle spendet.

Wallfahrt, die; gemeinhin wird unter W. der gemeinsame → Weg verstanden, der ein bestimmtes, religiös geprägtes → Ziel hat. Dieses Ziel besteht in der Regel aus einer verehrungswürdigen Reliquie. Es gibt Wallfahrten, die in regelmäßigen, längeren Abständen stattfinden, etwa die Heiligtumsfahrt nach Aachen alle sieben Jahre oder die Heilig-Rock-Wallfahrt nach Trier in unregelmäßigen Abständen. Die jährlich stattfindenden Wallfahrten nach Kevelaer oder zum Grab des

Apostels Matthias in Trier haben Bruderschaften hervorgebracht, die die oft tagelangen Fußmärsche organisieren. Die W. zum Grab des hl. → Jakobus nach Santiago de Compostela gehört zu den ältesten und bedeutendsten der abendländischen Christenheit. Sie ist in keine äußere Form gebunden, sondern lässt dem → Pilger große individuelle Gestaltungsmöglichkeiten. Im übertragenen Sinne wird der Begriff W. inzwischen auch gebraucht, wenn es darum geht, ein bestimmtes Ereignis (Love-Parade in Berlin, Christopher-Street-Day in Köln) oder ein Gebäude (Fußballstadion) zu besuchen.

Wanderer, der; unterscheidet sich vom → Pilger und vom → Marschierer dadurch, dass er ohne besondere Motivation eine Strecke zwischen zwei Orten möglichst ökonomisch zurücklegt.

Wandern, das; Das Wandern unterscheidet sich vom → Marschieren bzw. → Pilgern dadurch, dass der Handelnde sich, körperlich durchaus auch anstrengend, auf ihm angenehme Weise, was das Tempo angeht, von A nach B bewegt. Auch hier gilt: Der Pilger wandert. Ob der Wanderer allerdings pilgert, das weiß nur er selber.

Wäscheklammer, die; unerlässliches Hilfsmittel zum Befestigen der gewaschenen Textilien auf der → Wäscheleine oder vergleichbaren Hilfsmitteln zum → Trocknen der Wäsche (z.B. Kleiderbügel). Sechs Stück reichen in der Regel aus.

Wäscheleine, die; unerlässliches Hilfsmittel zum →
Trocknen der gewaschenen Textilien, falls die Unterkunft nicht eine entsprechende fest eingebaute oder
mobile (Gestell) Trocknungsmöglichkeit bietet. Kann
Mauervorsprünge, Fensterhaken, Türgriffe u.ä. nutzen.
Hilfreich ist eine W., die eine Spannvorrichtung besitzt,
um die Leine möglichst straff spannen zu können. Die
Installation der W. setzt im Übrigen ungeahnte Krea-
tivkräfte frei.

Waschen, das; zu unterscheiden zwischen W. des
Körpers (1) und der Textilien (2). 1. Dieses W. ist so unerlässlich wie für den → Pilger zwecklos. Schon nach
wenigen Tagen müffelt er, allen Versuchen zum Trotz,
mit Seife, Duschgel oder anderen Hygieneartikeln diesem Eigengeruch aus → Salben, → Schweiß und anderen Körpersäften Einhalt zu gebieten. Die Begegnung
des geschundenen Körpers zum Zwecke des W. mit →
Wasser hat aber in erster Linie nur subjektiv wahrnehm-
bare psychische Wirkung auf die Gemütslage des Menschen auf dem → Weg: Er meint, mit → Wasser – am
liebsten heißem – mit dem Staub auch die Lasten des
Tages abspülen zu können. Alle Strapazen der letzten
Kilometer, der Verzicht auf Komfort, auf geregelte
Mahlzeiten (und Partner/in) geraten in Minuten in Vergessenheit und verklären sich zu machtvoll bestande-
nen Abenteuern. 2. Dank der Findigkeit der Textilindustrie (→ Funktionswäsche) ist es gelungen, Produkte
zu entwickeln, die leicht nicht nur im Gewicht, sondern
auch in der Pflege sind. Das bedeutet, dass nach dem

W. von Unterwäsche und Oberbekleidung diese bist spätestens zum nächsten Morgen getrocknet ist. Voraussetzung dafür sind → Wäscheklammern und → Wäscheleine. Dass dieses Textilmaterial auch den Schweiß nach außen transportiert und deshalb besonders tragekomfortabel ist, wird gerne bestätigt.

Wasser, das; W. ist das Lebenselexier der Pilgers schlechthin. Er benötigt es überlebensnotwendig, um den durch Schwitzen verursachten Flüssigkeitsverlust auszugleichen. Selten war ein Getränk köstlicher als am → Brunnen auf dem → Weg (oder auch verpackt in einer elegant kurvigen und eisgekühlten Glasflasche in einer Bar am Stadtrand). Und erst abends die → Dusche, wenn aus Hunderten kleiner Düsen oder in einem plumpen Schwall literweise → Wasser über den ermüdeten Körper strömt und nicht nur Staub und Schweiß wegschwemmt, sondern auch die unangenehmen Erinnerungen an den vergangenen Tag abspült. Dabei ist es zunächst ganz gleich, ob es sich um heißes, warmes oder kaltes Wasser aus der → Dusche handelt. Entscheidend ist, dass überhaupt W. aus den Düsen sprudelt. W. als → Regen dagegen ist weniger willkommen, weil er das → Wandern eher erschwert. Wunderbar dagegen, wenn der → Weg neben einem gurgelnden Bach entlang führt und den Schritt mit Naturtönen untermalt.

Weg, der; zunächst ganz banal die Verbindung von zwei Orten. Beim → Camino de Santiago sind es mal die Nationalstraße, dann wieder enge Pfade oder auch

Bachläufe, steinig oder asphaltiert. Gelegentlich über gewachsenen Fels, über grob behauene Steinplatten oder ausgewaschene Viehtriebe. Mal führt er steil bergan, dann wieder in Schlangenlinien sanft bergab. Auf der Hochfläche der Meseta führt er kilometerweit schnurgerade auf den Horizont zu. An anderer Stelle ist er neu angelegt und bietet mit Schotter und feinem Kies den Vorteil, dass der → Wanderer die Füße einfach laufen lassen kann. Er kann trostlos sein in den Vorstädten, wenn er an qualmenden Fabriken, aufgetürmten Schrotthalden und stinkenden Abfällen vorbei führt oder romantisch in die Einsamkeit weiter schattiger Felder, an plätschernden Bächen vorbei und ruhenden Stauseen. Natur und Romantik pur. Der W. ist zielgerichtet und führt in Spanien stur immer westwärts. Der W. geht aber zu Hause weiter, manche behaupten sogar, er beginne erst richtig, wenn der → Pilger das → Ziel in Santiago erreicht habe. Und sei dann ungleich schwieriger, weil die → Zeichen fehlten, die die Richtung weisen. Dann muss er selbst wissen, welchen W. er einschlagen will. Und er muss Partner finden, die ihn begleiten und beraten, auch wenn sie nicht unbedingt das gleiche Ziel im Auge haben. In der Erinnerung an Schmerz und Lust auf den Jakobswegen kann dann aber manches Hindernis zu Hause leichter überwunden werden.

Wein, der; im W. liegt Wahrheit, sagt ein Sprichwort, ohne dass wir so ganz genau wissen, welcher Sinn dahinter steckt. Jene Vorfahren, die den Weg nach Spanien geebnet haben, wussten jedenfalls um die berauschende Wirkung des W. Der → Pilger mag sie gelegentlich am Abend nutzen, um die Anstrengungen des Tages zu vergessen. Manchem kann der W. auch die Zunge lösen, um über sich selbst und seine Motive auf dem Weg zu sprechen. Dann mag der W-genuss die Kommunikation fördern und zum Wohlbefinden beitragen. Es gibt auch Pilger, die mischen dem Trinkwasser für die Tagesetappe eine geringe Menge W. bei, um so Magen- und Darmerkrankungen vorzubeugen. Nicht zu vergessen auch jener W-brunnen auf dem Weg hinter Puente la Reina in Irache, an dem sich die Pilger seit dem Mittelalter kostenfrei mit einem individuellen → Vorrat versorgen können.

Wetter, das; beeinflusst je nach Ausformung die mentale Verfassung des → Pilgers. Da er das W. aber nicht beeinflussen kann, nimmt er es zunehmend mit stoischer Ruhe an, versucht sich mit Hilfe seiner Ausrüstung gegen allzu große Einwirkungen zu wappnen. „Es kommt, wie es kommt – da müssen wir durch" – das mag zwar gelegentliche Schimpfkanonaden über Regen und Sturm nicht überflüssig machen. Es hat sich aber gezeigt, dass aller Aufwand für eine Auseinandersetzung mit dem W. nicht wirklich weiterhilft. Dabei soll nicht verschwiegen werden, dass das W. durchaus die Kraft besitzt, einen Pilger zum Abbruch der Tour zu bringen, wenn es ihm beispielsweise nicht mehr gelingt, seine Kleidung zu trocknen. Dann hilft auch sonst so mühsam erarbeitete → Gelassenheit nicht mehr weiter, sondern lediglich der Trost, es demnächst erneut zu versuchen.

Wind, der; wichtiger Helfer, wenn er Kühlung bringt oder abends die Wäsche auf der Leine trocknet. Aber auch lästig, wenn er den → Regen ins Gesicht peitscht oder den Regenschutz verweht. Als Rückenwind ist er kaum hilfreich.

Wolf, der; schmerzhafte Reizung der Haut zwischen den Gesäßbacken und/oder an den Innenseiten der Oberschenkel. Die Redewendung „sich einen Wolf laufen" kann nur den beißenden Schmerz meinen, der entsteht, wenn Haut an Haut reibt, schmerzverstärkend, wenn in die Wunde auch noch salziger Schweiß läuft. In der Regel über Nacht wieder abgeheilt. Vorbeugend hilft neben schweißabsorbierender Unterwäsche auch fetthaltige Creme wie etwa → Hirschtalg.

Wolken, die; W. stehen am Himmel und beobachten den → Pilger, sie spielen Nachlaufen im Höhenwind, sie spenden Schatten und schütten Regen. Sie bilden Figuren und lösen sie wieder auf, sie verfärben sich, sind weiß wie Watte oder grau wie ein Putzlappen. Wer geduldig wartet, erkennt alle Schattierungen zwischen hell und dunkel, zwischen Weiß und Schwarz. W. zeichnen Lichtfiguren und verdunkeln den Tag. Sie geben dem Himmel Struktur und Profil, sie spielen Verstecken mit dem Himmelsblau. W. sind Boten des Wetters, Propheten des Umschlags. Sie sind so weit entfernt und doch so nah. Sie sind Überraschung und Dauereinrichtung. Und doch verdunsten sie ohne Spur.

Zebedäus; Vater der Apostel → Jakobus des Älteren und Johannes. Verheiratet mit → Salome.

Zeichen, die; wichtigste Wegbegleiter neben den Mitpilgern. Sind auf der Rückseite von Straßenschildern und an Leitplanken, an Wasserrohren, Telegrafenmasten und Häuserwänden zu entdecken. In Deutschland als schwarzes Dreieck auf weißem Grund, in Frankreich als rot-weiße Balken und/oder Winkel, in Spanien als gelber Pfeil helfen sie dem Ortsunkundigen unaufdringlich, auf dem rechten Pfad zu bleiben. Sie weisen die Richtung, verhindern Umwege und ersparen zusätzlichen, unnötigen Aufwand. Der → Wanderer muss versuchen, den von den „Autoren" und Planern beabsichtigten Rhythmus dieser Zeichen zu erspüren. Sie unterliegen einer ungeschriebenen Grammatik. Und ihr Fehlen wird im wahrsten Sinne schmerzhaft, wenn zwischenzeitlich ein „Trägerbaum" gefällt wurde – ohne Ersatz. Denn in der Regel finden sich die Zeichen immer dann, wenn der Weg die Richtung ändert. Deshalb gibt es sie manchmal mehrfach auf ein paar Hundert Metern, dann wieder erst nach mehreren tausend.

Zeit, die; der erfahrene → Pilger fragt sich, ob er überhaupt noch eine → Uhr benötigt, die ihm die Z. anzeigt. Denn der Stand der → Sonne – wenn sie denn scheint – wird zum Maß. Der Schattenwurf zeigt bald an, ob der Nachmittag schon weit fortgeschritten ist. Oft kommt die Müdigkeit der Beine hinzu, die ein ganz anderes Maß setzen. Die Zahl der Schritte, die Kraft der Muskeln entscheidet, nicht die abgelaufenen Stunden, nicht die bereits zurückgelegten Kilometer. Das Gefühl für den eigenen Körper gibt den Takt sehr viel genauer an als jede Z.-messmaschine.

Zelt, das; es kann zwei Gründe geben, ein Z. mitzunehmen: Die Streckenführung lässt eine andere Übernachtungsmöglichkeit nicht zu. Oder man will den überfüllten Herbergen entgehen und auf das Z. ausweichen. In beiden Fällen wird die Entscheidung von einem gewissen Sicherheitsbedürfnis gelenkt. Das ist keineswegs verwerflich, belastet allerdings den Rucksack um etwa 3 kg. Insofern will eine Entscheidung für ein Z. wohl erwogen sein. Die Investition ist nicht unerheblich, allerdings sind die Kosten auf den Campingplätzen so gering, dass sich eine Anschaffung bei mehrfachem Gebrauch durchaus amortisieren wird.

Zerrung, die; deutet auf eine Überbeanspruchung des Muskels hin. Zwei Ursachen sind möglich: die zu schnelle und zu starke Beanspruchung der Muskeln, die noch nicht warm (gelaufen) sind. Oder einseitige Beanspruchung über längere Zeit, etwa durch Straßenetappen. Die Z. wird behandelt durch Kühlung und Ruhigstellung (→ Bandage). Geduld ist notwendig, eine zu schnelle erneute Beanspruchung kann zu einem Muskelfaserriss führen, der in der Regel nur durch lange und geduldige Schonung behandelt werden muss. Und deshalb im schlimmsten Fall zum Abbruch der Wallfahrt führt.

Ziel, das; meist ist das Z. beim Aufbruch klar definiert. Das kann der Endpunkt der heutigen → Etappe sein, das große Z. mit dem Grab des verehrten Heiligen oder auch ganz profan die nächste → Bar oder das erste → Hotel. Wichtig ist, dass man weiß, wohin man in einer bestimmten → Zeit will. Ziele können aber auch anders definiert sein: beispielsweise als Vorsatz, das Verhalten in bestimmten Situationen oder Gewohnheiten zu ändern.

Zweifel, die; gemeinhin schleichen sich die Z. in die Gedanken ein, erst zaghaft, dann immer nachdringlicher. Fragen nach dem Sinn dieser Unternehmung bauen verlockende Alternativen auf, suchen Verbündete zur Verstärkung. Ist ja auch wahr, dass man in Frankreich oder Spanien seine freie → Zeit, Urlaubszeit (!) erholsamer, vielleicht sogar angenehmer verbringen kann, als ausgerechnet nach Schweiß stinkend auf einem staubigen Feldweg, dazu noch ein immer als zu schwer empfundener → Rucksack auf dem Rücken und klobige Wanderschuhe an den Füßen. Allein der Sonnenbrand mag eine Gemeinsamkeit mit herkömmlichem Urlaub in einer dieser Gegenden aufzeigen. Jedes vorbeifahrende Auto, jeder an einer Haltestelle wartende Bus, manchmal schon die Nähe eines Bahnhofs lassen die Z. anschwellen wie ein heftiges Gewitter einen kleinen Bach. Wohl dem → Pilger, der sich seiner Sache sicher ist. Besser noch, der einen → Freund bei sich hat, einer → (Pilger)Familie angehört, die ihm dann hilft. Und ihn davon überzeugen kann, dass so ein kleiner Z. es gar nicht wert ist, weiter beachtet zu werden. Und dass am Abend eine heiße → Dusche wartet, ein leckeres → Essen, ein gemeinsames Glas → Wein (oder auch ein paar davon). Z. sind lästig, aber sie verschwinden auch wieder. Man sollte sie ernst nehmen, sich von ihnen aber nicht unterkriegen lassen.

ANHANG

Adressen

Deutsche St. Jakobus-Gesellschaft e.V.
Harscampstraße 20 | 52062 Aachen

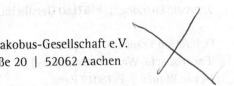

Fränkische St. Jakobus-Gesellschaft e.V.
Friedrich-Wencker-Straße 3 | 97215 Uffenheim
www.jakobus-gesellschaften.de

Badische St. Jakobus-Gesellschaft e.V.
c/o Christophorus-Jugendwerk
Oberrimsingen | 79206 Breisach

Stiftung Haus St. Jakobus
– Schwäbische Jakobusgesellschaft –
Kapellenberg 58–60 | 89610 Oberdischingen

St. Jakobusbruderschaft Düsseldorf e.V.
Rathausstraße 29 | 42659 Solingen

Freundeskreis der Jakobuspilger
Am Niesenteich 9 | 33100 Paderborn

Sankt Jakobs Bruderschaft
zur Förderung der Pilgerbewegung
Stangaustr. 7 | A-2392 Sulz im Wienerwald

Die Freunde des Jakobswegs
p.A. Schützenstr. 19 | CH-8702 Zollikon

Les Amis de saint Jacques en Alsace
9, rue de Lorraine | F-67150 Gerstheim

Fédération Francaise de la Randonée pédestre
(Französische Wandervereinigung)
14 rue Riquet | F-75019 Paris
www.ffrp.asso.fr

Société des Amis de Saint-Jaques en France
B.P.368 | F-75768 Paris cedex 16

Association de coopération interrÈégionale
des chemins de Saint Jaques
4, rue Clémence Isaure | F-31000 Toulouse

Versandbuchhandel Manfred Zentgraf
In den Böden 38 | 97332 Volkach
Telefon (0 93 81) 44 92 | Telefax (0 93 81) 62 60
www.jakobuspilger-zentgraf.de
www.jakobspilgerwege.de

http://www.home.t-online.de/home/compostela
Website der beiden Jakobspilger Thekla Schrange und
Aloys Schaefer mit einer Fülle wertvoller Tipps und ak-
tueller Nachrichten. Vor allem das Gästebuch ist hilfreich für Menschen, die noch Pilgerpartner suchen, und
ein Marktplatz zum Informationsaustausch. Verknüp-
fungen zu Seiten in der Schweiz oder Spanien sind
ebenso angelegt wie Reiseberichte.

Weiterführende Literatur

Wegführer

- Millán Bravo Lozano, „Praktischer Pilgerführer –
  Der Jakobusweg"
  Everest León | 8. Aufl. | 2002 | 264 S. + 2. Karten-Set separat
  Der umfangreichste Wegführer mit ausführlichem
  Streckenprofil für Radfahrer. Das separate Karten-
  Set erlaubt es, das Buch zu Hause zu lassen.

- Michael Kaspar, „Der Jakobsweg"
  C. Stein Verlag, Kronshagen | 6. Aufl. | 2003 | 157 S.
  Wohl der im Augenblick beste Führer, der sich allein
  auf den Jakobsweg beschränkt, auch Alternativen
  für Radpilger bereithält und vor allem gute Informationen über die Herbergen enthält. Vorteil: So klein
  und handlich – und damit leicht –, dass man ihn mitnehmen kann, ohne zuviel Ballast mitzuschleppen.

Historisches

- Klaus Herbers, „Der Jakobsweg – Mit einem mittelalterlichen Pilgerführer unterwegs nach Santiago de
  Compostela"
  Gunter-Narr-Verlag, Tübingen | 6. Aufl. | 1998 | 220 Seiten
  Der Autor stellt das „Liber Sancti Jacobi" aus dem
  12. Jahrhundert vor, das neben Predigten, liturgi-

schen und anderen Texten auch ein langes Kapitel
enthält, das eine Art Pilgerführer enthält. Herbers
kommentiert seine Übersetzung und führt den Leser
in die Welt der mittelalterlichen Pilgerfahrt ein.
Wichtig für den, der sich auch mit der Geschichte des
Jakobsweges auseinandersetzen möchte.

- Ulrich Wegner, „Der Jakobsweg – Auf der Route der
  Sehnsucht nach Santiago de Compostela"
  Herder Freiburg | SA. | 2003 | 264 S.
  Reich illustrierter Band, der in den spanischen Weg
  und in die gesamteuropäische Geschichte der Jako-
  busverehrung und -pilgerfahrt einführt.

- Dietrich Höllhuber/Werner Schäfke, „Der spanische
  Jakobsweg – Landschaft, Geschichte und Kunst auf
  dem Weg nach Santiago de Compostela"
  Dumont Reiseverlag Köln | 3.Aufl. | 2002 | 352 S. | Karten, Pläne |
  durchgehend illustriert

Reisebeschreibungen

- Hans Aebli, „Santiago, Santiago – Auf dem Jakobsweg zu Fuß durch Frankreich und Spanien"
  Klett Cotta Stuttgart | 7. Aufl. | 2001 | 252 S.
  Aeblis Route ist nicht unbedingt zur Nachahmung
  geeignet, weil er gelegentlich eigene Wege sucht.
  Aber sein Tagebuch ist vor allem auch eine Reflekti-
  on über die eigene Befindlichkeit und der Kontakt zu

den Einheimischen, die ihm als Sprachkundigem leichter fiel als anderen.

- Dorothea Braun, „Santiago westwärts"
  Zentgraf, Volkach | 2003
  Subjektiv erzählte Erlebnisse auf dem Jakobsweg, mit viel Atmosphäre und spirituellen Ansätzen, das Pilgern gedanklich zu durchdringen.

- Carmen Rohrbach, „Jakobsweg – Wandern auf dem Himmelspfad"
  Frederking & Thaler | 3. Aufl. | 2002 | 295 S.
  Einer der Klassiker der Reisebeschreibungen, auch wenn die Autorin gelegentlich den offiziellen Weg verläßt, um Kunstdenkmäler abseits des Camino aufzusuchen. Der Leser findet auch viel Flora und Fauna.

- Roland Breitenbach, „Lautlos wandert der Schatten – Auf dem Weg nach Santiago de Compostela"
  Reimund Maier Verlag, Schweinfurt | 4. Aufl. | 2001 | 232 S. | SW-Abb.
  Der lebendige Bericht des bekannten Pfarrers verbindet das Erlebte auf dem Weg mit meditativen Texten.

- Martin Thull, „Immer weiter, Santiago zu – Notizen vom Jakobsweg in Nordspanien"
  Zentgraf, Volkach | 2. Aufl. | 2000 | 100 Seiten
  Keine Reisebeschreibung, sondern atmosphärische Verdichtung. Der Autor lässt Weg und Menschen auf sich wirken und vermittelt – zuweilen mit Augen-

zwinkern – Gedankensplitter und sehr persönliche Eindrücke. Hinweise zur Vorbereitung und Reisedurchführung sowie eine Liste mit weiterführender Literatur runden die Texte ab.

Spirituelles

- Margarete Niggemeyer, „Schritte werden Weg – Ein Pilgerbuch"
  Reimund Maier Verlag, Schweinfurt | 2. Aufl. | 2000 | 183 S.
  Texte, Illustrationen und Lieder geben Gelegenheit, über die Stichworte Aufbrechen, Gehen, Innehalten, Ankommen sowie Heimkehren nachzudenken.

- Traute und Hermann Multhaupt, „Auf dem Weg nach Hause – Ein Pilger-Brevier"
  Bergmoser+Höller, Aachen | 112 S.
  Sammlung von Texten, die sich gut zur eigenen Meditation oder gemeinsamem Gebet eignen.

Hintergrundwissen

- Vera und Hellmut Hell, „Die große Wallfahrt des Mittelalters – Kunst an den romanischen Pilgerstraßen durch Frankreich und Spanien nach Santiago de Compostela"
  Ernst Wassmuth, Tübingen | 1964 | 268 S.

Eines der klassischen Bildwerke, das die vielfachen Reize des Jakobsweges entdeckt hatte, bevor der große Run nach Santiago losging.

- Natascha Kubisch, „Der Jakobsweg nach Santiago de Compostela – Unterwegs zu Kunst und Kultur des Mittelalters"
  Theiss, Darmstadt | 2002 | 160 S.
  Vorzügliche Gelegenheit, nach der Rückkehr aus Spanien jene Kunstwerke und Kirchenbauten zu studieren, an denen man zwar vorbeigelaufen ist, die zu besichtigen oder näher wahrzunehmen aber die Muße fehlte.

Dank

Die Pilger sind nie allein – sie sind in Begleitung von Partnern, von zunächst fremden Menschen, die im Laufe des Weges zu Freunden werden. Ganz abgesehen vom himmlischen Beistand, an den mancher glauben mag – oder auch nicht. „Ein Pilger ist kein Pilger" – erst in der Gemeinschaft des gemeinsamen Weges von Gleichgesinnten verändert er sich, macht neue Erfahrungen mit seinem Körper und lernt seine Möglichkeiten auf neue Art kennen. Dieses PilgerABC ist deshalb ein Gemeinschaftswerk, an dem viele mitgewirkt haben, ohne es zu ahnen.

Einige nenne ich gerne, weil deren Beitrag umfangreicher war, deren Ratschläge und Anregungen meine Erfahrungen um wichtige Elemente ergänzten. Denn sieben Jahre auf dem Jakobsweg in Deutschland, Frankreich und Nordspanien sind zu gering, um daraus einen umfassenden Ratgeber zu schaffen. Aber sie sind wohl ausreichend, um das eine oder andere weiterzugeben, um denen, die sich auf diesen anstrengenden und zugleich verzaubernden Weg machen, den Einstieg zu erleichtern. Und um denen, die bereits heimgekehrt sind, das eine oder andere im Nachhinein zu erklären.

Besonders dankbar bin ich meinem Freund Eckhard aus St. Augustin, ohne den das Projekt Jakobsweg mit seinen vielfältigen Erlebnissen nicht in dieser Form realisiert worden wäre.

Wertvolle Anregungen verdanke ich Janneke und Stephan aus Utrecht, Liutwin aus Aachen, Trixi und Philine aus St. Augustin und Königswinter sowie Daniel aus Lüneburg.
Die direkten und indirekten medizinischen Ratschläge wurden von Ulla und Berthold in Gelsenkirchen auf ihre sachliche Richtigkeit hin überprüft und ergänzt.

Herausragender Dank gilt meiner Frau Rita, die mich immer wieder neu hat aufbrechen lassen und wieder liebevoll aufgenommen hat. Und die geduldig meine Begeisterung für alles, was mit St. Jakobus, der Muschel und dem Weg zu tun hatte und hat, ertrug und erträgt. Sie hat ihrerseits nicht nur Korrekturen an diesem Pilgerlexikon angebracht, sondern auch wichtige Hinweise aus der mitfühlenden und mitdenkenden Außensicht gegeben.

All dies wäre im Stadium der Planung geblieben, hätte nicht Manfred Zentgraf Mut und Zuversicht aufgebracht, dieses PilgerABC zu verlegen, das Sieger Köder sachkundig und einfühlsam illustriert hat.

mt